超一流は、
なぜ、靴磨きを
欠かさないのか？

千田琢哉

SOGO HOREI PUBLISHING CO., LTD

プロローグ　靴が輝くと、人生も輝く。

私は物心《ものごころ》ついてから、靴に強烈な興味を抱いていた。

これには、ちゃんとした理由がある。

幼稚園の頃は体が弱く、しょっちゅう風邪を引いていたために、ある日突然、母親が荒療治《あらりょうじ》として、冬でもランニングシャツと半ズボンしか用意してくれなくなった。

それ以来、中学入学まで、1年間ずっとランニングシャツと半ズボンで過ごしていたため、本当に免疫力《めんえきりょく》が高まったのか、滅多《めった》なことでは風邪を引かない強靭《きょうじん》な体になった。

岐阜の冬はかなり寒かったため、通学途中にすれ違う大人たちから叫び声を上げられたものだが、それも毎年のことだったからすっかり慣れてしまった。

さて、1年間ランニングシャツと半ズボンで過ごしてきた私が、どうして靴に興味を持ったのか。

それは、私が冬もランニングシャツと半ズボンでいると、「家が貧乏でかわいそうな子」という目で見られるに違いないという強烈な被害妄想《ひがいもうそう》があり、子どもながらに貧乏と思われては大変だと思い、せめて靴くらいは良いものを履《は》こうと必死でアピールしようとしたことがきっかけである。

ランニングシャツと半ズボン姿で靴だけが立派だと、やたらと目立つから、「靴は良い物を履いているじゃないか」ということになり、もう貧乏とは思われなくなると思ったのだ。

中学生になるとさすがに学生服になるから、ランニングシャツと半ズボン人生とはサヨナラできたが、それでも靴に対する情熱は高まるばかりだった。

大学生の頃にも、靴だけは分不相応《ぶんふそうおう》に良い物を履いていたし、社会人になってからは、新入社員時代からジョン・ロブを履いていた。

靴が上等だと不思議と着ている物も上等に見えるし、姿勢を良くせざるを得ないから、生命力が漲《みなぎ》っているように見える。

おかげで初任給の大半が靴代でぶっ飛んでしまったが、その分、靴だけはいつも欠かさずピカピカに磨き込んで手入れをしていた。

靴を磨くということは、自分を磨くということだ。

靴が輝いていれば、人生も輝くのだ。

もしあなたが仕事で大失敗をやらかして、うなだれて足元を見ても、ピカピカに磨き込んだ靴が目に入れば、途端《とたん》に元気になることができる。

2018年1月吉日　南青山の書斎から　千田琢哉

chapter
1

靴と邂逅《かいこう》

chapter

2

靴と仕事

chapter

3

靴と人

chapter 4

靴と人生

chapter

1

靴と邂逅《かいこう》

First-class
shoes

01

靴は、すべての原点である。

普段何気《なにげ》なく選んでいる靴は、直接的にも間接的にも、あなたのすべてを決めている。

あなたの体調が悪くなったら、それは足元に原因があるのだ。

足元を冷やしたり合わない靴を履いていたりすると、体調は悪くなるからだ。

あなたが転んで怪我《けが》をするのは、足元に原因があるのだ。

靴が馴染《なじ》んでいなかったり、おかしな靴を履いていたりすると、バランスが崩れるからだ。

あなたが勉強に集中できないのは、あなたの足元に原因があるからだ。

足が健康で快適な状態でなければ、集中力も記憶力もガタ落ちしてしまうからだ。

あなたの仕事が不調なのは、あなたの足元に原因があるからだ。

普段から勝負靴を履いていないから、最後の一歩を決められないのだ。

あなたが人生で積極的になれないのは、あなたの足元に原因があるからだ。

裸を見られるよりも、裸足《はだし》を見られるほうがずっと恥ずかしい。

もし魚《うお》の目だったり、外反母趾《がいはんぼし》だったり、爪の水虫だったりすると、大切な人には絶対に見られたくない。

以上は、ほんの一例に過ぎない。

足というのは、あなたの全身を支えている。

否、全身だけではなく精神もしっかりと支えてくれている。

あなたという存在のすべてを支えてくれている足を包み込む靴という道具は、あなたのすべての原点であり、あなたに起こることのすべての原因でもあるのだ。

そう考えると、靴を軽く見る気には到底《とうてい》なれないだろう。

どんな靴を選ぶかで、あなたの健康は決まる。

どんな靴を選ぶかで、あなたの成功は決まる。

どんな靴を選ぶかで、あなたの出逢《であ》いは決まる。

靴選びは、健康選びなのだ。

靴選びは、成功選びなのだ。

靴選びは、出逢い選びなのだ。

正直に告白すると、私にも靴選びの失敗経験はたくさんある。

一度の失敗もしないで、運命の靴に出逢うことは不可能だ。

だからこそ、あなたには本書を通して運命の靴に出逢う確率を高めてもらいたい。

靴は、あなたに起こることのすべての原因である

First-class shoes

02

高ければ
良いわけではないが、
良い靴はやはり高い。

よく「靴は高ければ良いってものではないよ」というセリフを耳にする。

靴に限らず、どんな物でもそう言われるかもしれない。

これは半分正しいが、半分間違っている。

半分正しいのは、高い靴すべてがあなたにとって良いわけではないということだ。

たとえば、そもそもサイズが合っていなければ、どんなに高い靴でも拷問《ごうもん》に等しい苦痛を味わうことになる。

あるいは、用途やTPOを間違えれば、どんな高級靴でも台無《だいな》しになってしまうだろう。

一方、半分間違っているのは、良い靴はやはり例外なく高いということだ。

どんな物でも値段には意味があるが、とりわけ靴にはそれが言える。

上質な素材を使えばダイレクトに原価が跳ね上がるし、一流の職人が作ればそれ相応の人件費がかかるのは当たり前だからである。

私の経験から言えば、高い靴というのはその用途とメンテナンスさえ間違えなければ、例外なく良い靴だと断言できる。

綺麗事《きれいごと》を抜きにすると、人にはそれぞれ経済力というのがあって予算もあるだろうから、どうしても高い靴が買えない人もいると思う。

その場合は、安い靴をできれば5足揃えて、月曜から金曜まで毎日違う靴を履くことだ。

曜日によって靴を決めてしまうのも良いだろう。

さらにそのお金もなければ、何とか2足買って交互に履けば良い。

もちろん毎日靴を脱いだ瞬間に、さっと専用の布で汚れを拭きとる習慣にすることだ。


雨の日で濡れれば、必ず良く乾かしておくことだ。

靴に艶《つや》がなくなってきたら、専用の栄養クリームをまめに塗っておくことだ。

正確には艶がなくなる前に、事前に塗っておくことだ。

たったこれだけの習慣で、どんなに安い靴を履いていてもみすぼらしくは見えない。

ただし、やはりできれば、いつかあなたには上質な靴を購入してもらいたい。

上質な靴というのは、メンテナンスをすることを前提に作られているからだ。

これは高級機械式時計が、定期的にメンテナンスをしなければならないのと同じだ。

上質な靴を手にすると、あなたは放っておいてもメンテナンスをしたくなるはずだ。

良い靴は手間がかかるが、手間を手間と思わせないだけの魅力があるのだ。

メンテナンスが必要なくらいの上質な靴を買おう

First-class shoes

03

20万円の靴は、2万円の靴より安い。

社会人になって私が革靴を購入し始めたのは、今から20年ほど前の話だが、同じ商品が現在では１・５倍以上になっている。

では、20万円の靴は高いのかと言えば、必ずしもそうは言えない。

これは長期的に考えるとわかりやすい。

仮に、会社員生活を約40年過ごすとしよう。

20万円の靴は、平均して２年に１回メンテナンスしなければならないとする。

１回のメンテナンス料が平均して約１万円だとすると、40年間で合計20回だから、20万円のメンテナンス料がかかり、最初の靴代と合わせると40万円になる。

それに対して、１万円の靴を毎年履き潰して買い替えるとすれば、これもまた40年間で40万円かかる。

もちろん20万円の靴ではなく、10万円や15万円の靴にしたり、１万円の靴をもっと頑張って２年や３年履き続けたりすれば、個人差もあって、この計算はまた違ってくる。

だが、「20万円の靴は高い」と一概《いちがい》に決めつけることができないことに気づかされるはずだ。

私の場合は、20万円コースを選んだというだけの話である。

さらに20万円コースの魅力を加えてお伝えしておくと、仮に40年間でかかる費用は同じだとしても、「自分は20万円の靴を40年間履き続けられた」という点において、満足感がまるで違うのだ。

個人的には、この価値の違いが決定的だと思っている。

私は将来こういう本を書くことになるかもしれないと思っていたから、大雨の日用にと安いビジネスシューズを購入したことがある。

もし最初から安いビジネスシューズしか履いていなければ、それで満足したのだろうが、正直な気持ちを告白すると、とても恥ずかしかった。

もっと正直に告白すると、安いビジネスシューズは逆に高いなと思った。

まるで宴会で使うためのサラリーマン仮装グッズやコスプレのようで、これらに対して1万円や2万円を払うのは高いと感じた。


人間というのはみんな弱い。

だから様々な装飾《そうしょく》を身に着けたり、ブランド品を買い求めたりする。

過剰《かじょう》に物に依存《いぞん》するのは確かに問題だが、自然の摂理《せつり》に則《のっと》って生きるのは良いことだ。

安い靴は、かえって高くつく

First-class shoes

04

一生モノかどうかの境界線は、10万円。

20年前に、私が革靴という革靴にひと通り手を触れて感じたのは、一生モノかどうかは7万5000円がラインだということだった。

お洒落用《しゃれよう》で桁違《けたちが》いに高い靴などのように、厳密《げんみつ》には例外もあるにはあるが、7万5000円を超えると、一生モノにふさわしい皮の厚みと堅牢《けんろう》な作り込みが伝わってきたものだ。

現在は、それが10万円台前半になっていると思う。

10万円を一つの目安として一生モノの靴選びをすると、運命の靴との出逢いの確率は飛躍的に高まるだろう。

10万円を超えた部分からは、デザインやブランドの格式にお金が支払われると考えて良い。

もちろんあなたに予算があれば、気に入ったデザインで好きなブランドを選んだほうが良いと思うが、シンプルな定番で良いなら10万円出せば一生モノの靴が買える。

一般に、ジョン・ロブはキング・オブ・シューズと呼ばれており、私も複数所有している。

しかし、20年前に購入した私のJ．M．ウェストンは、文句のつけようがないくらい最高のコストパフォーマンスだった。

ただし、私が本書で挙げたブランド品情報を、現在もそのままだと鵜呑《うの》みにしないでもらいたい。

これはすべてのブランド品に言えることだが、10年や20年もすると経営者も変わり、経営方針もおかしくなってきて、商品の品質も大きく落ちてくることがある。

商品が売れなくなれば、その分メンテナンス料で稼がなければならないから、売上ノルマのために粗探《あらさが》しをしてまで修理しようとする陰湿《いんしつ》な店員もいる。

同じブランドでも、店舗によって、あるいは店員によってまるでサービスの質は違うのだ。

品質を落としておけばメンテナンス料で稼げるようになるという、まさにその場しのぎ経営で、負のスパイラルに陥っているブランドもある。

10万円は決して安くない。

だからこそ私が声を大にしてあなたにお伝えしたいのは、**靴選びは慎重にすべきであるということだ。**

決して妥協《だきょう》せず、じっくり時間をかけて、心から納得できる靴を購入してもらい

たい。

万一失敗したとわかっても、「あれだけ検討したのだから授業料と考えれば高くない」と考えられるようにしておくべきである。

そう考えると、一生モノの靴が10万円というのはとても安いと私は思うが。

心から納得できる靴選びをしよう

First-class shoes

05

高かったけど合わない靴は、
掌《てのひら》を合わせて捨てる。

買う時にどんなに入れ込んでいる靴でも、いざ履き続けているうちに「これは違うな」と確信することがある。

私にもこれまでに、何度かそういう経験がある。

恋愛とどこか似ていて、終わりはわかりやすいけれど始まりはわかりにくいのが、靴との出逢いなのだ。

履いているうちに、縫《ぬ》い目の甘さが気になる。

履いているうちに、皮の品質を妥協していると気づかされる。

履いているうちに、実はサイズが合っていないと気づかされる。

履いているうちに、言葉にならない違和感《いわかん》を覚える。

履いているうちに、これは一生モノではなく流行モノの作り込みだと気づかされる。

これらはほんの一例に過ぎないが、一度気になったらもう我慢してはならない。

もちろん、修理で何とかなる場合には修理で解決すれば良い。

だが修理で解決できない問題は多く、その場合はどんなに高くても手放したほうが良い。

一度は惚れた靴なのだからぞんざいに扱うのではなく、掌を合わせて別れを告げることだ。

そうすれば、必ずあなたは次に進める。

いつまでも「せっかく高かったのだし……」という理由で合わない靴に執着《しゅうちゃく》していると、あなた自身が不幸になるのは目に見えている。

これは何も靴に限った話ではなく、物に違和感を抱いたまま妥協して使い続けるべきではない。

それでは物に対して失礼だし、物を作った職人も、そんなことは望んでいないはずだ。

確かドラッカーが「最初の仕事はくじ引きである」と言っていたと思うが、私も最初の就職はくじ引きのようなものだった。

だが、それを最初からハズレと決めつけるのではなく、その時、その場所で学べることを学んだと思ってから次に進んだ。

それが巡り巡って、今の私がある。

靴との出逢いも、まさにこれと同じではないだろうか。

結果としては外しても、その体験から学んだことには値段以上の価値があるはずだ。

そう考えると、感謝をしながら次のステージに上がれるはずだ。

違和感のある靴を履き続けてはいけない

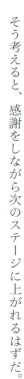

First-class shoes

06

必ず、履いて、
全《ぜん》身《しん》鏡《かがみ》を見て、
歩いてから買う。

靴を購入する際には妥協すべきではないことはすでに述べた通りだが、ここではさらに具体的にお伝えしたいことがある。

どれも初歩的なことばかりだが、これらを実行に移し、習慣化している人は少ないから、どうか虚心坦懐《きょしんたんかい》に読んでもらいたい。

まず、靴を買う際には必ず履かせてもらうことだ。

もし履かせてもらうことを拒まれるような店なら、絶対にそこで買わないことだ。靴を履かせずに買わせるのは、ぼったくりである。

次に、靴を履いて全身鏡で見てみることだ。

もし靴屋で全身が映る鏡がなければ、そんな店で購入してはならない。

その店は美的センスがなく、お客様に対する配慮《はいりょ》に欠けている証拠だ。

足元だけを見ていればカッコ良いと思っても、それを履いて全身を見ると、まるで違うと知ることだ。

靴以外がどれだけカッコ良いと思っても、靴が似合っていなければすべては台無しだ。

換言《かんげん》すれば、靴がカッコ良ければ全体もカッコ良く見えるということだ。

最後に、靴を履いて店内を歩いてみることだ。

靴を履いて店内を歩くと、靴底が汚れてしまうから申し訳ないのではないかと思う人がいるかもしれない。

だが、靴底が汚れることなど実に些細《ささい》な問題だ。

店にとって真の勝負は、新品の革靴に折り目がついてしまうことなのだ。

それでも、あなたは遠慮すべきではない。

堂々と店内を闊歩《かっぽ》して、履き心地、歩き心地を入念《にゅうねん》にチェックするべきである。

これは一流の店に行けば絶対にさせてもらえるし、店員から「ぜひ歩いてみてください」と言ってくるものだ。

店内を歩かせてもらえないようなら、その靴屋は偽物だから即刻絶縁《そっこくぜつえん》すべきである。

もし店内を歩いてみてどこか違和感があれば、絶対に買うべきではない。

店内を少し歩いただけでも違和感があるということは、この先、一生履き続けることなどできるはずがないからである。

心配しなくても、まともな靴屋であれば、以上の初歩的なことはすべて承知している。

最初から買うつもりで卑屈《ひくつ》に入店するのではなく、断るつもりで堂々と入店することだ。

履いて歩かずに靴を買うなど
論外

First-class shoes

07

感じの悪い店員からは、絶対に買わない。

靴屋に限らず、ブランドショップの店員は〝勘違い人間〟の存在比率が高い。

これは私の意見でもあるし、経営コンサルタント時代にごく当たり前のように仲間内で囁《ささや》かれていた、半ば常識のようなものだった。

彼らの大半が、本当ならブランドショップの店員ではなく、ブランドのある大企業だとか、もっと偏差値の高い業界への就職に憧《あこが》れていたのに、門前払《もんぜんばら》いを食らった層なのだ。

自分にブランドがないために、せめてブランドショップのブランドにあやかろうとした結果として、薄給《はっきゅう》で店員をやっているのだ。

経営陣の頭の中には、「君たちのような人材がウチで働けるのだから、給料が安いのは我慢しなさい」という本音がある。

そうしてブランドショップで働いていると、自分の安月給では社内割引をしてもとても買えないような商品がズラリと陳列されている。

そうした商品を平気で購入している富裕層《ふゆうそう》たちや、冷やかしで店に入ってきたお客様を見ていると、嫉妬心《しっとしん》と憎悪《ぞうお》が渦巻《うずま》いて感じの悪い人間になってしまうのだ。

富裕層は概して穏やかな人が多いし、冷やかしのお客様はまるで自分を見ているようで、ついイラッとして当たってしまうこともある。

いじめられっ子が別の場所ではいじめっ子になるのと、まさに同じ構図《こうず》である。

だから痛々《いたいた》しいほどの虚勢《きょせい》を張っている店員がいたら、100%の確率でコンプレックスの塊《かたまり》だから、まともに相手にする必要はない。

そんな感じの悪い店員からは、あなたは絶対に買わないと決めておくことだ。

なぜなら、**嫌いな人間から物を買うと、物に憎悪の念が乗り移ってしまうからである。**

物を見るたびに嫌な思い出が蘇ってくるとしたら、お金をドブに捨ててそのドブの水が顔に跳ね返ったようなものである。

だからいかなる理由があっても、嫌いな店員から物を買ってはいけないのだ。

銀座や表参道、丸の内、大阪の心斎橋付近でも「嗚呼《ああ》、この店はもうダメだな」と私が感じた靴屋は、100%の確率で店を閉めている。

いずれも店員の感じが悪かった店舗である。

高級靴のオーナーたちのブログをたまに読むことがあるが、年々あまりにも店員たちの躾《しつけ》・マナーが劣化《れっか》しており、そのブランドに見切りをつけた人は本当に多いのだ。

そのたびに私は、靴屋は大きなチャンスロスをしていると、悔しい思いで一杯になる。

不快な相手から物を買うことは、愚《ぐ》の骨頂《こっちょう》

First-class
shoes

08

2日続けて同じ靴を履かない。

せっかく良い靴を買っても、２日続けて履くと台無しになってしまう。

なぜなら、靴は毎日大量の汗を吸収して、ジョボジョボの状態になっているからだ。

１日中靴を履いている人は、両足合わせて２００ccのコップ1杯分以上の汗を靴の中に染み込ませている。

もちろん、靴の中は細菌《さいきん》の巣窟《そうくつ》になっており、水虫を始め様々な病気の原因になる。

2日続けて同じ靴を履くのは、2日続けて同じパンツを履くよりも遥かに不衛生《ふえいせい》なことなのだ。

１日休ませるだけで湿った靴は随分《ずいぶん》乾くし、細菌の繁殖《はんしょく》も防げる。

それだけ靴の傷みも軽減できるというわけだ。

だから靴は最低でも2足揃えて交互に履く習慣にしないと、すぐにボロボロになるし、あなたの健康も害するのだ。

1足だけで雨の日も雪の日も嵐の日も頑張ると、人前で見せられる状態を保てる期間はせいぜい1年が限界だろう。

だが2足交互に履けば、人前で見せられる状態を4年は保てる。

私の本音としては、もう1足増やして、できれば3足は揃えてもらいたい。

3足をローテーションで履けるようにすれば、お洒落に見える上に10年以上保てるし、靴の質とメンテナンス次第では一生モノになる可能性もある。

1足と2足の差も大きいが、2足と3足の差はもっと大きい。

2足だと1日しか休められないが、3足だと2日休ませることができる。

どこか筋トレと似ているが、できれば2日は休ませたほうが靴もしっかりと回復する。

10万円クラス以上の靴を買う場合は、可能なら同時に3足購入し、できれば速やかに3足をローテーションさせてもらいたい。

店員からメンテナンス方法をしっかり聞いて、その通りに扱えば確実に一生モノの靴になってくれるだろう。

私が新入社員の頃には、毎月10万円コースの靴を買っていたが、ある程度の足数が揃うまでは、雨用に購入したビジネスシューズを履き繋いでいた。

最終的には一生モノの靴を5足揃えたが、こうすれば平日は毎日違う靴を履けるから、気分も良いし、それに合わせてスーツとネクタイを選んだ。

スーツに靴を合わせるのではなく、靴にスーツを合わせていた。

靴を一生モノにするための、ローテーションを考えよう

First-class shoes

09

良い靴は、履けば履くほど味が出る。

一生モノの靴と履き捨ての靴の違いは、時間が経てば露呈《ろてい》される。

履き捨ての靴は店で陳列されている瞬間がピークだが、一生モノの靴は履けば履くほど味が出る。

良い靴はむしろ販売されている時が最低の状態であり、1年後より2年後、2年後より5年後、5年後より10年後のほうがずっと味が出るのだ。

それは寺などを建立《こんりゅう》する一流の建築家が、数百年後のことをイメージしながら設計し、素材を選ぶのと同じで、一流の靴職人は10年後20年後をイメージして素材を選び、靴を作っているからだ。

良い靴は履けば履くほどにあなたの足にフィットして、世界であなた一人だけの足型ができる。

日々履くことで、あなたの足型を無意識に創っているのだ。

だから、たとえ同じ靴を購入しても、それを履いている人によって、まるで違う靴になるということだ。

もし靴を脱がなければならないような飲食店で、誰かがあなたの靴と全く同じサイズの同じ靴を履いて来たとしよう。

あなたが帰り際に履き間違えれば、100%の確率で「あれ？ これは自分のじゃない」と気づくはずだ。

なぜなら、靴屋で陳列されている時は全く同じ靴だったとしても、履いている人によって全く別の靴になったからである。

良い靴というのは、靴職人と持ち主との共同作業で創り続ける作品なのだ。

いくら職人が一流でも、持ち主がメンテナンスを怠っていたり、踵《かかと》を踏んで使っていたりすると、その靴は失敗作で終わってしまう。

換言すれば、店で誰かに履き間違えられて帰られてしまう程度の靴を履いているということは、あなたはたいした靴を履いていない証拠である。

靴を履き間違える加害者も、靴を履き間違えられて帰られてしまう被害者も、いずれもダサい靴を履いているから、そういう事件に巻き込まれてしまうのだ。

どんなに良い靴でも盗まれることが少ないのは、靴は持ち主には思い出深い生涯《しょうがい》の宝でも、他人にとってはまるで使えない道具だからである。

良い靴を履いて、世界であなただけの作品を創り続けよう。

良い靴を履き続けて、オンリーワンの物にしよう

First-class shoes

10

良い靴は、
履いていることを
忘れさせてくれる。

靴は履きながら自分専用にしていく話はすでに述べた通りだが、究極の良い靴とは何か。

それは、履いていることを忘れさせてくれる靴ではないだろうか。

どんなに良い靴でも、それはあなたにとって道具である。

そして道具というのは、すべては人間の身体の延長として生まれた。

たとえば良い刃物は、それを使っている間は存在を忘れさせてくれる。

なぜならば刃物というのは、人間の歯や爪の延長として生み出された道具だからである。

まるで自分の歯や爪のように、身体の一部として使いこなせるのが、一流の刃物なのだ。

あるいは、良い金槌《かなづち》は、それを使っている間は存在を忘れさせてくれる。

なぜならば、金槌というのは、人間の拳の延長として生み出された道具だからである。

まるで自分の拳のように、身体の一部として使いこなせるのが、一流の金槌なのだ。

靴はもちろん、人間の足の延長として生み出された道具であり、人類の知恵である。

我々人類は象や馬のような頑丈な蹄《ひづめ》も備わっていなければ、犬や狼のように丈夫で厚い肉球も備わっていないからだ。

特に、人間が二足歩行するようになってからは、自身の全身を支えながら移動するために足の重要度が増した。

だから靴を履いている最中は、靴のことが気になっているようではいけない。

あたかも象や馬の蹄のように、あるいは犬や狼の肉球のように、あなたはあなたの靴を身体の一部として馴染ませなければならない。

道具は使ってこそ価値があり、輝き始める。

私もこれまでに何度かお気に入りの靴を痛めたが、それはそれで仕方がないと諦《あきら》めた。

新入社員時代に購入した最初の1足目であるジョン・ロブは、外回りの仕事をしている間に汗がシミになってしまったこともある。

それ以降も、突然の土砂降り《どしゃぶ》りに遭遇し、せっかくの革靴が台無しになりかけたこともある。

だがそんな時にはすぐにメンテナンスを依頼し、速やかに対応したものだ。

おかげさまで、それらの靴は今でも健在である。

メンテナンスの専門家に見せると、「もう20年ですか。これは大切に履いてもらっていますね」「きちんと手入れもされていますね」と必ず言われる。

靴に限らず、物は必ず経年《けいねん》変化が伴う。

メンテナンスをした上での経年変化は、むしろあなたの身体の一部である証なのだ。

良い靴を大切に履いて、経年変化を楽しもう

chapter 2

靴と仕事

First-class shoes

11

足元を見られるとは、
靴を見られる
ということだ。

「足元を見られる」という言葉を聞いたことがあると思う。

これはもともと、昔の駕籠《かご》かきや馬方《うまかた》が旅人である客の足を見て、その疲労具合を予測し、その上で料金を決めていたことから生まれている。

客がかなり疲れていれば、法外《ほうがい》な高い料金をふっかけても大丈夫だろうと考えたのだ。

それが転じて、相手の弱みにつけ込むことを、「足元を見る」と言うようになったのだ。

昔の駕籠かきや馬方だけではなく、我々は本能的に誰もが相手の足元を見ているものだ。

その上で、相手に対する対応を変えて、媚《こ》びたり威張《いば》ったりするものだ。

一流のホテルやレストランに行くと、ベテランスタッフはサッとお客様の靴をチェックする。

もちろん、絶対にばれないように靴をチェックしているのだが、それによってどこの席にするのかを決めることもある。

たとえば、窓際の景色が良く見える席が一番上等だと思ったら大間違いだ。

ホテルやレストランにもよるが、窓際の景色の良い席というのは若いカップル向けとか、一見《いちげん》の田舎者からクレームが出ないようにするために用意されていることもある。

ホテルやレストラン内には、オブジェが飾ってあることが多い。

オブジェが飾ってある周辺は、その空間の中心であり、店の顔になる。

つまり、オブジェ付近の席にあなたが案内されるということは、「ぜひあなたにはうちの店の顔になっていただきたい」という意味なのだ。

店の顔になるためには、靴がちゃんとしていなければならない。

なぜなら、一流ホテルやレストランに来る人たちは、ほぼ全員がちゃんとした服装だから、そこでは差がつかないからである。

全員頑張っていることは、あなたはそのボーダーラインを下回らないようにしておけば良い。

ではどこで差がつくのかと言えば、放っておくとつい油断してしまう靴なのだ。

靴がちゃんとしている人は、多少カジュアルな服装をしていても「ちゃんとした人だな」という印象を持たれて、丁寧に扱ってもらえる。

反対に、靴がダサい人は、いくら豪華な服装をしていても「どうせこの服も偽物だろうな」と評価を下げて、ぞんざいな扱いをされてしまう。

良い靴は、あなたの評価を上げる

First-class shoes

12

紐靴《ひもぐつ》を履くたびに
結び直す人は、
仕事ができる。

紐靴を履いている人は多いが、もうかれこれ何年も紐を結びっ放しという人がいる。

中には、紐がほどけないように強固な駒結《こまむす》びにしている人がいたし、結んだままダミーで固定されている靴を履いている人もいた。

紐靴は見栄《みば》えが良いだけに人気があるが、扱い方を間違えると、それだけで「残念な人」というレッテルを貼られてしまう。

紐靴には、履くたびに必ず結び直さなければならないという大原則がある。

「そんなの面倒臭い」と文句を言う人は、紐靴を履かなければ良いだけの話である。

では、なぜ靴紐を毎回結び直さなければならないかと言えば、毎回強引に足をねじ込んでいたら、履き口がだらしなく広がって、紐穴《ひもあな》が楕円《だえん》に変形してしまうからだ。

結果として、靴のあちこちが痛み始め、靴の寿命を大幅に縮めることになる。

靴というのは、すべてのパーツが有機的に繋がっており、その点においては人体とまさに同じである。

だから、部分的に靴を間違って使うだけで、靴全体に悪影響を及ぼしてしまうのだ。

では、どうすれば靴紐を結び直すのが面倒にならないのか。

それは、ひたすら習慣化することである。

靴紐を結び直すのを、まるで呼吸の如くできるようになれば良いのだ。

忙しいから呼吸しない人はいないように、どんなに忙しくても、靴紐を結び直す習慣にすることだ。

靴紐を毎回結び直さない人は、ますます靴紐を結び直さない人になり、靴を傷め続ける。

靴紐を毎回結び直す人は、ますます靴紐を結び直す人になり、靴を美しく保ち続ける。

両者の差は、宇宙の拡張現象《かくちょうげんしょう》の如く拡がり続ける。

まるで物理学の慣性《かんせい》の法則のように、**やらない人はずっとやらないままだし、やる人はずっとやり続けるのだ。**

あなたも習慣にしてみればわかるが、毎回どんどん結ぶのが速く、美しくなる。

最初は片方の靴だけでも10秒以上かかっていたのが、すぐに5秒もかからなくなってくる。

最終的には、2秒程度でパパッと結べるようになるだろう。

換言すれば、その程度のゆとりがないようではろくな仕事ができないということである。

仕事の流れを仕切り直したい時には、靴紐を丁寧に結び直すと良い。

良いものを丁寧に扱うことが習慣化できる人になろう

First-class shoes

13

マイ靴ベラを携帯している人は、仕事ができる。

仕事で、訪問者に靴を脱がせておきながら、靴ベラを用意していない会社がある。

もちろんそういう会社は、仮に規模だけはやたら大きいとしても正真正銘《しょうしんしょうめい》の三流である。

ただし、世の中はそうした三流の会社が大半だし、そのたびにいちいち幻滅《げんめつ》していては、とても仕事にならないというのが実態だ。

私の場合は、すぐに取り出せるように、掌サイズのマイ靴ベラを携帯するようにしている。

そうすれば、どんな場所でもサッと靴を履くことができるから、それでストレスが溜まるということはない。

たったこれだけの工夫で、抜群《ばつぐん》に快適に仕事ができるようになるものだ。

私がこれを教わったのは、これまでに社外で出逢ったセールスパーソンたちからだった。

各業界や組織で抜群の業績を出し続けている人というのは、ある程度の共通点のようなものがある。

意外に口下手《くちべた》だけど誠実さが伝わってくるとか、絶対にお客様を威嚇《いかく》するような派手で奇抜《きばつ》な服装をしていないとかである。

それらに加えて、マイ靴ベラの携帯が彼らの共通点だったのだ。

居酒屋で複数が細長いプラスチック製の靴ベラを順番待ちしている間に、彼らは素早くマイ靴ベラを出して靴を履き、1次会で颯爽《さっそう》と帰って行った姿を何度目撃したことか。

そのたびに私は、彼らの生き様を美しいと思ったものだ。

そして、マイ靴ベラを携帯している人は仕事ができたのは言うまでもなく、全員良い靴を履いていたものだ。

良い靴は、何かの過ちでたった一度でも踵を踏んだらご臨終《りんじゅう》だ。

たまたま靴ベラがない店や会社を訪れようが、お祝いで酔っぱらっていようが、少々体調が悪かろうが、言い訳はできない。

たまたま一度だけ靴ベラがなかったために、不自然な靴の履き方をしてしまい、それ以来靴の劣化が激しくなったということも珍しくないのだ。

良い物には、それ相応の扱い方がある。

どんなに良い物でも、その扱い方を間違えれば、良い物の効果がきちんと発揮でき

ない。

「せっかく高いお金を出して良い物を買ったのに損をした」と愚痴《ぐち》を言っている人は、その扱い方を間違えているのだ。

コンパクトなマイ靴べラを買えば、自然にそれを使いたくなる衝動に駆《か》られるものだ。

仕事ができる人は、皆、良い物を丁寧に扱っている

First-class shoes

14

靴・ベルト・手袋の色は統一する。

靴とベルトの色は統一すべきであるというのは、少しお洒落に関心のある人にとっては常識かもしれない。

だが、これまで私が出逢ってきたビジネスパーソンたちを見ていると、かなり甘く見ても、それを守っている人は二人に一人もいなかった。

偶然どちらも黒で一致して救われていたという人は多く、たいていどちらか一方が黒で、もう一方が茶色というパターンが多かったものだ。

酷《ひど》い人になると、靴は黒や茶色なのに、ベルトが白や緑、あるいは布という人もいた。

ひょっとしたら、世の中にはそういうお洒落が存在するのかもしれない。

だが、私にはお洒落に見えなかったし、そういう人たちは全員揃って仕事ができなかったものだ。

業種業界にもよるだろうが、**私がこれまでに出逢ってきた長期的な成功者たちの服装を虚心坦懐に振り返ってみると、控え目だけど上質なものを身に着けている人が圧倒的に多かった。**

靴や鞄、ベルト、スーツは基本的に黒・濃紺・茶色でまとめ、ワイシャツはほぼ全員が白だった。

長期的な成功者たちの服装の基本は、三色以内に抑えていることだった。すべて上質だから、わざわざ派手な色や奇抜さでアピールする必要もない。相手を威嚇することもなく、終始穏やかな雰囲気で人生を正のスパイラル状態へと導く。

こういう長期的な成功者に囲まれていると、無意識のうちに服装も似てきて、雰囲気も同化していくものだ。

いちいちレクシャーなんか受けなくても、彼らは背中で教えてくれるし、気がついたら私も勝手に真似をしている。

冬になると手袋をする人が多いと思うが、これも靴と色を合わせるのが基本だ。黒い靴なら黒の手袋、茶色の靴なら茶色の手袋をしておくと、「お、わかっているな」と思われて相手に与える印象も良くなる。

もちろん、様々な明るい色をコーディネートするお洒落もあるが、それはかなり高度だし、一つ間違えると相手に嫌われるからビジネスではおススメしない。

とりわけ、ビジネスにおいて皮モノは、黒と茶色で揃えておくことだ。

たったそれだけのことで、あなたは少なくとも第一印象で相手の信用を獲得できるのだ。

穏やかな雰囲気になる上質な物を身に着けよう

First-class
shoes

15

シューツリーを
靴と一緒に
必ず買う。

もしあなたが本気で革靴を一生モノにしたければ、シューツリーは必須アイテムである。

私が新入社員時代から靴代にお金をかけてきたことはすでに述べた通りだが、どんなにお金がなくても、シューツリーは必ず一緒に購入したものだ。

シワだらけのヨレヨレの靴を履いたままでは、とても働く気にはならなかったからだ。

シューツリーは靴の附属品ではなく、靴の一部と考えることだ。

そう考えると、靴と一緒にシューツリーを購入しないのは、靴を購入したことにはならない。

靴の数よりシューツリーの数が少ないということは、あり得ないのだ。

靴の数とシューツリーの数は、常に一致していなければならない。

一部の超一流ブランドでは、靴を購入すると一緒にシューツリーも付いてくる。

もちろん、これは靴屋がシューツリーを無料でくれたわけではなく、シューツリー込みで靴が売られているということなのだ。

どうして、シューツリーはそこまで大切なのか。

それは、服のアイロンがけやズボンのプレスと同じで、靴も放っておくと型崩れを起こし、本来の力を発揮できないまま寿命を縮めるからである。

型崩れを起こすと皮に張りがなくなり、靴はどんどん劣化してしまう。

毎回シューツリーを入れておくことで、靴に正しい姿勢をいつまでも記憶させることができるから、一生モノになるというわけだ。

シューツリーの使い方は、しかるべき店員にちゃんと聞いておくべきだが、実は専門家の間でも意見が分かれている。

脱いだら1日乾かして湿気がなくなってから入れる派と、脱いだらすぐに入れる派だ。

前者は靴が湿ったままシューツリーを入れるのは不潔だから、せめてちゃんと乾かしてから入れるべきだという主張だ。

後者は汗が乾く過程でこそ靴にシワが刻み込まれやすいという主張だが、なるほど私はそれなりに説得力があると思う。

私はどちらも試したが、現在は前者の1日ちゃんと乾かしてからシューツリーを入れる習慣に落ち着いている。

そうしたほうが、少しでも清潔さを維持した上で、シワ伸ばしもできているという実感があるからである。

良い物のメンテナンスにおいては、決して妥協しない

First-class shoes

16

名刺交換で目立つのは、
相手の靴。

昔ほどではないにしろ、現在でもまだビジネスで名刺交換をする機会は多い。

名刺交換で意外に目立つのは、名刺入れと靴だ。

とりわけ、女性は名刺よりも名刺入れを見ているくらいだし、名刺交換をする相手の靴は、否《いや》が応《おう》でも勝手に目に飛び込んでくる。

もちろん、名刺交換という儀式《ぎしき》の最中だけではなく、待ち合わせをしている間や商談中、帰り際にも靴は目に入るだろう。

もちろん、あなたが相手の靴を見ているように、相手もあなたの靴を見ているということだ。

ここで人の記憶に刻まれるのは、極端に汚い靴か極端に綺麗な靴かのいずれかである。

極端に汚い靴の場合は、ほぼ確実に相手に嫌われる。

私も経営コンサルタント時代に、仕事で人を何度か紹介したことがある。

紹介が失敗に終わった人たちの共通点はハッキリしていて、皆、靴が汚かったのだ。

さすがに泥で汚れているような靴を履いている人はいなかったが、手入れを怠っていて色落ちが激しかったり、トップリフトが左右どちらかに大きく偏って擦《す》り減《へ》っていたりしていると、傍《はた》から見て本当に目立って仕方がないのだ。

本人たちにこういう細かい点をいくら指摘しても、誰も本気で治そうとはしない。たいていは頭を掻《か》いてヘラヘラ笑っているだけだ。

事の重要性がまるでわかっていないから、そのまま放っておいて地獄に落ちてもらった。

それに対して、紹介が成功した人たちの共通点は、全員靴がしっかりと手入れされていたことだ。

靴が手入れされているからと言って、必ずしも紹介が成功したわけではない。

ビジネスはそこまで甘くはない。

紹介が成功した人たちの靴は、全員しっかりしていたのだ。

そうした理由から、私は紹介を滅多なことで引き受けなくなったし、万一紹介する場合は、必ずその人の靴を厳しくチェックするようになった。

なぜなら、靴がダサいと必ず紹介は失敗するし、関わる人すべてが気まずくなって不幸になるからだ。


靴がしっかりしている人は、それだけ気遣いも仕事もできる可能性が高いのだ。

靴がしっかりしている人は、信用ができる

First-class shoes

17

プレゼンで意外に目立つのは、靴。

ビジネスにはプレゼンが欠かせない。

ハッキリ言ってしまえば、プレゼンさえ上手ければ受注できてしまう仕事は多い。

私はそういう仕事のやり方が大嫌いだが、ここは一つ、善悪の問題を超越してプレゼンの価値をひたすら高めるための方法を述べたい。

プレゼンで意外に目立つのは、プレゼンターの履いている靴だ。

これについては、あなたもプレゼンされている自分を思い出せば、大いに首肯《しゅこう》するはずだ。

プレゼンは、あちこち歩きまわりながらすることが多いから、聞き手側にプレゼンターの全身が見える。

実は、聞き手はプレゼンターの全身を見ているのではなく、プレゼンターの靴を見ているのだ。

なぜなら、プレゼンターの顔は聞き手が常に見える状態だから、彼が歩いて動き回ると、聞き手はこれまで見えなかった足元に無意識に興味を持ち、つい目をやってしまうからである。

標準的な広さの会議室程度であれば、プレゼンターが履いている靴が聞き手側全員から実に良く見えるものだ。
プレゼンが大会場の場合には、プレゼンターがスクリーンに全身を映されることもある。

故スティーブ・ジョブズのプレゼンを思い出せばわかるだろう。彼の履いているスニーカーは、とてもよく目立ったはずだ。

もちろん彼の場合は扱っていた商品のことを踏まえた上で、歴史的イノベーターとして、すべて緻密《ちみつ》な戦略で黒のタートルとスニーカーを履いていたのだ。

そのジョブズも、銀行と経営の重要な交渉する際には、普段とは打って変わってビシッとネクタイを締めてスーツ姿で臨んだというから、お手軽に表面上だけを真似しないことだ。

私がここであなたに気づいてもらいたいのは、ジョブズのスニーカーがやたら目立ったように、あなたもプレゼンをする際には靴が目立つということである。

極論《きょくろん》すれば、プレゼンにおいては、あなたの履いている靴がそのままあなたの印象になるのだ。

私は経営コンサルタント時代も独立してからも、多くのプレゼンや講演を経験してきたが、そのたびに必ず関係者や参加者の誰かから、私の履いている靴の話をされたものだ。

靴が良くてプレゼンが通るとは限らないが、靴がダメだとプレゼンは通らないのだ。

良い靴は、プレゼンにおける最強の武器

First-class shoes

18

すね毛が見えたら、ゲームオーバー。

ここでは靴の話ではなく、靴下の話をしたい。

なぜなら、靴下はビジネスにおいて大変重要な役割を果たし、靴下の履きこなし方次第で、あなたの人生が大きく左右されかねないからだ。

これは決して大袈裟《おおげさ》な話ではなく、私自身がよく経験してきた、ありのままの現実である。

たとえば、私は経営コンサルタント時代に社内外で面接官をしたり、新卒中途を問わずに、様々な採用の手伝いをさせてもらったりしてきた。

それらの経験から言えるのは、スーツのズボンの裾《すそ》からすね毛が見えた人たちは、面接にことごとく落とされていたということだ。

私も、最初からそれに気づいていたわけではない。

だがある面接で「この人は経歴も超一流で話も面白いのに、どこか説得力がないな」と不思議に感じる人を見た時に、その原因を考えに考えたのだ。

自分で考えた上で、周囲の面接官の声も聞いてみた。

その結果気づかされたのは、面接中にすね毛が見えていたということだった。

それ以来私は、面接ですね毛男を見かけると、落ちるかどうかのチェックをしたものだ。

否、正確には面接ですね毛男が出現すると、もはや採用の仕事には興味がなくなって、すね毛男の面接結果がどうなるかが楽しみで仕方がなかった。

さすがに誰も「すね毛が見えたから不採用」と正直には教えてくれなかったが、「彼はちょっとねぇ〜」「どこかだらしないような気がする」「一緒に働きたいとは思わない」といった声に集約《しゅうやく》された。

ひょっとしたら面接官たち自身は、すね毛に気づいていなかったのかもしれない。

だが、すね毛男たちは、例外なく全身から強烈なダメ人間オーラを発しているのだ。

すね毛が見えるという現象が、ダメ人間オーラのバロメーターとなっているのだ。

せっかく良い靴を履いていても、すね毛が見えていたらあらゆる理由を超越してもはやゲームオーバーだ。

その対策として、**社会人になったら、ビジネス用のハイソックスを履くことだ。**

ハイソックスであれば長さが膝下《ひざした》まであるから、どんなにスーツのズボンが上がってもすね毛が見えることはない。

私もすね毛男たちを反面教師として、ビジネスでは常にハイソックスを履き続けている。少なくともハイソックスを履いていれば、すね毛でゲームオーバーになることはない。

靴だけでなく、足元全体にも気を配ろう

First-class shoes

19

職人の仕事ぶりから、気づかされることがある。

良い靴を履くと何が良いかと言えば、職人の仕事ぶりがダイレクトに味わえることだ。

たとえば、10万円コースの靴を履いていると、まめにシューツリーを出し入れしたり、靴を磨いたりして手入れをしなければならない。

必然的に靴に直に触れて、靴の構造を目にすることになる。

すると、あなたは必ずこう思うだろう。

「これほどまでに精緻《せいち》な靴を作ってもらって、10万円では安過ぎる」

10万円なんて安くて申し訳ないと心の底から思えたら、あなたは靴職人から少しだけ学んだことになる。

本当に、そうなのだ。

良い靴が10万円程度で手に入るのは、本当に安過ぎて申し訳ないことなのだ。

靴底の釘の打ち方も、細部の縫い目も、各部分の皮の選び方も、どれもが一切妥協なく仕上げられているのだ。

翻《ひるがえ》って、あなたはどうだろうか。

あなたは靴職人ではないかもしれないが、あなたはあなたで何かのプロのはずだ。

良い靴を作った靴職人と比べて、あなたの仕事に対する姿勢はどうだろうか。

まさか「どうせ見えないから手を抜いてしまえ」と、妥協してはいないだろうか。

まさか「売ってしまえばもうこっちのもの」と、心が麻痺《まひ》して卑劣な行為が当たり前になってはいないだろうか。

まさか「壊れやすくしておけば早く買い替えてもらえるぞ」と、卑しいことを考えてはいないだろうか。

綺麗事を抜きにすると、以上のことは誰もが一度ならず考えたことがあるはずだ。

なぜなら人間というのはとても弱い生き物だから、少ししんどくなるとつい楽なほうへ逃げてしまう本能があるからである。

そんな時には靴を磨きながら、あなたはこう思うのだ。

「こんなに誠実に仕事をする靴職人に比べて自分は何だ。こんな靴を履く資格がない」

するとあなたは、卑しい人生を歩まないで済むのだ。

良い靴を履いていると、誠実にならざるを得ないのだ。

良い靴を履いていると、カッコ良く生きざるを得ないのだ。

ふと迷った場合には、自分はこの靴に見合った仕事をしようと思えるのだ。

「履いているものに恥ずかしくないように生きよう」と思える靴を履こう

First-class shoes

20

大失敗しても、
「まあいいか。
こんなに良い靴を履いているし」
と思える。

仕事で大失敗して、壁にぶつかったことがない人は恐らく一人もいないと思う。

「これまで自分は失敗したことはない」

「これまで自分は苦労したことがない」

「これまで壁を壁と感じたことはない」

巷の成功者の中には、そうした詭弁《きべん》で注目を浴びようとする輩《やから》も多いが、もちろんそれは嘘だ。

それらはすべて解釈の違いだとか言葉遊びの類《たぐい》であって、実際にはそう言う成功者ほど、人には言えない苦労をして、数々の壁にぶつかって今があるのだ。

では、どのようにして彼らはいくつもの壁を乗り越えてきたのだろうか。

それは、「本」と「靴」に力をもらってきたからである。

まず、人が大失敗して壁にぶつかった時に一番心の栄養になるのは言葉の力だ。

本が、あなたの人生を支えてくれるのは間違いない。

もちろん周囲の人たちから支えてもらうこともあるだろうが、基本的にあなたの周囲にいる人は、あなたと同レベルのはずだ。

つまり、同レベル同士の知恵では壁を乗り越えられず、実は壁の前でUターンして元の世界に舞い戻ってしまったに過ぎないことが多い。

周囲の人たちよりも本から学んだほうが、あなたの前に立ちはだかった壁を突破できる可能性が高いのは、本の著者というのは、あなたの周囲にいる人たちとは違う人間が多いからだ。

だからこそ、これまで自分が考えたこともないような新しい光の当て方を教わることができるのだ。

次に、人が大失敗して壁にぶつかった時に支えてくれるのは靴である。

なぜなら、人は落ち込むと必ず下を向いてうなだれるからだ。

下を向いてうなだれると、あなたは何が見えるだろうか。

あなたが履いている靴が見えるのだ。

ここで、もしあなたがダサくて汚い靴を履いているとすれば、ますます落ち込むだろう。

それでは、何のために靴を履いているのかわからない。

あなたが良い靴を履く理由は、あなたが元気になるためである。

良い靴さえ履いていれば、あなたが大失敗してうなだれても必ず復活できる。

「まあいいか。こんなに良い靴を履いているし」と、根拠《こんきょ》のない自信が漲ってくる。

良い靴は、あなたを元気にし、自信をもたらす

chapter

3

靴と人

First-class shoes

21

その人の靴との接し方は、人との接し方と同じ。

お買い求めいただいた本のタイトル

■お買い求めいただいた書店名

（　　　　　　　　　　）市区町村（　　　　　　　　　　）書店

■この本を最初に何でお知りになりましたか

□ 書店で実物を見て　□ 雑誌で見て（雑誌名　　　　　　　　　　）
□ 新聞で見て（　　　　　　　新聞）　□ 家族や友人にすすめられて
総合法令出版の（□ HP、□ Facebook、□ twitter）を見て
□ その他（　　　　　　　　　　）

■お買い求めいただいた動機は何ですか（複数回答も可）

□ この著者の作品が好きだから　□ 興味のあるテーマだったから
□ タイトルに惹かれて　□ 表紙に惹かれて　□ 帯の文章に惹かれて
□ その他（　　　　　　　　　　）

■この本について感想をお聞かせください

（表紙・本文デザイン、タイトル、価格、内容など）

（掲載される場合のペンネーム：　　　　　　　　　　）

■最近、お読みになった本で面白かったものは何ですか？

■最近気になっているテーマ・著者、ご意見があればお書きください

ご協力ありがとうございました。いただいたご感想を匿名で広告等に掲載させていただくことがございます。匿名での使用も希望されない場合はチェックをお願いします□
いただいた情報を、上記の小社の目的以外に使用することはありません。

郵 便 は が き

料金受取人払郵便

日本橋局
承　　認

8037

差出有効期間
平成31年10月
29日まで

切手をお貼りになる
必要はございません。

1 0 3-8 7 9 0

953

中央区日本橋小伝馬町15-18
ユニゾ小伝馬町ビル9階
総合法令出版株式会社 行

本書のご購入、ご愛読ありがとうございました。
今後の出版企画の参考とさせていただきますので、ぜひご意見をお聞かせください。

フリガナ お名前	性別 男・女	年齢 歳
ご住所　〒 TEL　　（　　）		
ご職業　1.学生　2.会社員·公務員　3.会社·団体役員　4.教員　5.自営業　6.主婦　7.無職　8.その他（　　）		

メールアドレスを記載下さった方から、毎月5名様に書籍1冊プレゼント!

新刊やイベントの情報などをお知らせする場合に使用させていただきます。

※書籍プレゼントご希望の方は、下記にメールアドレスと希望ジャンルをご記入ください。書籍へのご応募は1度限り、発送にはお時間をいただく場合がございます。結果は発送をもってかえさせていただきます。

希望ジャンル：☐ 自己啓発　☐ ビジネス　☐ スピリチュアル

E-MAILアドレス　※携帯電話のメールアドレスには対応しておりません。

「物を大切に扱う人は、人も大切に扱う」とよく言われる。

それは本当だろうか。

もちろん本当のことだ。

その人の靴との接し方は、人との接し方と同じなのだ。

私は、物心ついた頃から物持ちが良いと、周囲の大人たちから言われ続けてきた。

どんなに小さな玩具《おもちゃ》でも捨てることなく、セロハンテープや接着剤で修理を繰り返して大切に持ち続けていた。

理由は簡単で、親になかなか玩具を買ってもらえなかったからだ。

ひょっとしたら自分では気づかなかっただけで、私の性分《しょうぶん》として物を大切に扱う習慣があったのかもしれないが。

さて、中学時代や高校時代になってから私が気づかされたのは、その人の靴との接し方は人との接し方と同じであるということだった。

部活が終わって脱いだ靴を放り投げたり、踵を踏んづけていたりする同級生もいたが、彼らは人に対しても同じような接し方をしていた。

社会人になってからも、靴を粗末《そまつ》に扱っている人たちは本当に多かった。

中学生や高校生と同じで、酔っぱらって靴を放り投げたり、踵を踏んづけて歩いていたりする人もいた。

こういう人たちは、結局誰からも長期的に愛されることはなかった。

靴を放り投げる人は、嫌なことがあったらすぐに人を放り投げる人であり、仕事を放り投げる人でもある。

これにはもう例外がない。

踵を踏んづけて靴を履いている人は、人を見下している人であり、仕事を軽く見ている人でもある。

これにも例外がない。

反対に、靴を大切に扱う人は、人も大切に扱う人である。

靴を長持ちさせる人は、人間関係も長持ちさせる人である。

10年間同じ靴を美しく履き続ける人は、10年間人間関係を続けられる人だ。

30年間同じ靴を美しく履き続ける人は、一生モノの人間関係を築ける人だ。

物との接し方に、その人のすべてが表れる

First-class shoes

22

脚の長さは、靴の爪先《つまさき》までカウントされる。

自分の身長を高く見せたいという人は、とても多い。

そして、自分の脚を長く見せたいという人は、もっと多い。

現代医学では脚を人工的に骨折させながら、骨がくっつく頃合《ころあ》いを見計《みはか》らって引き伸ばすという手術も行われているようだ。

数㎝骨を伸ばすのに高級外車一台分の費用がかかるが、ここで私はあなたにそうした解決方法を提案したいのではない。

私が提案したいのは、ちょっとした靴選びの知恵である。

どうすれば靴選びで、あなたの脚を長く見せることができるのだろうか。

それは、爪先がスリムな靴を選べば良いのだ。

爪先がスリムな靴を履けば、あなたの脚が長く見えるのだ。

脚の長さは、靴の爪先までカウントされるからである。

実際には脚が長くなったのではなく、脚が長くなったように錯覚《さっかく》するのだ。

「そんなの偽装《ぎそう》じゃないか！」と、真面目なあなたは興奮するかもしれない。

だがもしそれが偽装であれば、服も醜《みにく》い裸を隠すための偽装だし、女性のハイヒールは偽装の極致《きょくち》になってしまう。

服も靴も偽装ではなく、人をより豊かにするための文化なのだ。

そう考えると、靴選びも断然《だんぜん》楽しくなるはずだ。

もちろん、歌舞伎町にいる兄ちゃんのような突き刺さりそうな尖った靴は、ダサいと思う。

突き刺さりそうな尖った靴を履いている人間というのは、たいてい歩き方も騒がしくて周囲をイラつかせる。

あるいは、太短い脚の女性がとんでもなく高いヒールを履いていると、周囲からは余計に脚が太短く見えてしまう。

なぜなら、男性というのは、無意識のうちに女性のヒールの高さをマイナスして、実際の脚の長さを洞察《どうさつ》する天才だからである。

何事も中庸《ちゅうよう》が大切だと思うのだが、極端にやり過ぎると反対に無知蒙昧《むちもうまい》に見えて評価を下げてしまうから要注意だ。

少なくとも、一流の靴屋では極端な商品は扱っていない。

極端な商品を扱うと、自社の沽券《こけん》に関わるからである。

しかるべき店でしかるべき店員にあなたの希望を伝えれば、ベストチョイスが可能だ。

あなたをカッコ良く見せる靴を選ぼう

First-class shoes

23

あなたが萎《な》えているのは、
靴が萎えているからだ。

今日はなぜか元気が出ない。

今日はどこか歯車が狂っている。

その原因は靴にあることが多い。

あなたが萎えているのは、靴が萎えているからではないか。

どうか冗談だと笑わないで、一度真剣に靴を確認してもらいたい。

きっとあなたの精神と靴の見栄《みば》えは、見事に比例していることに気づかされるはずだ。

もちろん靴の見栄えが美しければ、「負けてはいられない」というやる気が漲ってくる効果もあるだろう。

だが、私がここで述べたいのは、靴を美しい状態に保つために手間暇《てまひま》をかけているというその生き様こそが、根底に流れるエネルギーに繋がっているということだ。

靴を美しい状態に保つために手間暇をかける余裕がないということは、それだけ人生が上手く回っていない証拠でもある。

だから薄汚い靴になって、余計に萎えるのだ。

この負のスパイラルを断ち切るためには、靴を美しくすることである。

長らくメンテナンスに出していないのなら、すぐにメンテナンスに出しておく。

自分で靴磨きをすれば済むのなら、すぐに徹底的に靴磨きをする。

もうメンテナンスをしても手遅れだというのなら、潔《いさぎよ》く捨てて新しい靴を購入する。

そうすることで、あなたの人生は必ず好転するのだ。

私個人としては、仕事よりも靴磨きのほうが大切だと思っている。

靴磨きができないのに、仕事をしても意味がないと思うからだ。

薄汚い靴で仕事をするよりは、美しい靴で仕事をサボって遊園地にでも行ったほうが良い。

薄汚い靴を履くのはそれだけ罪が重く、あなた自身を貶《おとし》める行為なのだ。

私は人生の歯車が狂ってくると、必ず儀式のようにより念入りに靴磨きをしたものだ。

靴磨きをしていると、様々な考えを巡らせることができるし、天からアイデアを授かることもある。

きっと何かに打ち込んでいる人にとって靴磨きというのは、最高のリラックスができる至福《しふく》の瞬間なのだろう。

ぜひあなたも気が萎えてきたら、靴磨きをすることだ。
靴の張りに比例して、あなたの気持ちも晴れていく。

靴を美しい状態に保とうとする行為が、
あなたの精神に張りを与える

First-class shoes

24

靴が、あなたの姿勢を決める。

自覚しているか否かは別として、姿勢の悪い人は多い。

姿勢を良くする方法は簡単である。

良い靴を履けば良いのだ。

良い靴を履けば、一発であなたの姿勢が良くなるのだ。

理由は簡単で、良い靴は姿勢を良くしないと履けないようになっているからだ。

まず、良い靴は高いからなるべく傷をつけないように上品に振《ふ》る舞《ま》うようになる。

良い靴を履くと、上品に振る舞わざるを得なくなるのだ。

変な姿勢で歩いていると、必ず転んだりぶつけたりして靴を傷つけてしまう。

良い靴を履き始めた頃は、多少窮屈《きゅうくつ》に感じるかもしれない。

だが徐々に慣れてきて、上品に振る舞うことがあなたのスタンダードになるのだ。

つまり、振る舞いを良くすることが一番楽な生き方であると、良い靴に気づかされるのだ。

次に、良い靴は欧米の貴族の歩き方に合わせて作られている。

貴族たちがいかに歩きやすいのかを徹底的に研究し尽された集大成が、良い靴なのだ。

だから、貴族たちのマナーに反するような歩き方はできないようになっている。

「欧米の靴は日本人には合わない」のではなく、貴族のように美しい姿勢でカッコ良く歩くのが窮屈であるというのが実態なのだ。

そのような良い靴を、無理やり日本人の歩き方に合わせると、猫背になったり、蟹《がに》股《また》になったりしてしまい、歩きにくい靴に思えてくる。

欧米の貴族のように背筋を伸ばして、遠くを眺めながら優雅に歩くと、良い靴はとても歩きやすいものに思えてくる。

ここから何が言えるのか。

あなたが姿勢を決めるのではなく、靴があなたの姿勢を決めるということだ。

良い靴を履いたら、あなたの歩き方に合わせるのではなく、靴に歩き方を合わせるのだ。

今の歩き方では靴の履き心地が悪いというのなら、今の歩き方を変えることだ。

今の歩き方を変えれば、あなたの姿勢は美しくなり、あなたの人生も変わるのだ。

換言すれば、**ダサい靴を履いていていてあなたが歩きやすいということは、あなたの姿勢がダサい証拠である。**

あなたの姿勢がダサければ、そのままあなたの人生もダサくなる。

誰もこんなことは丁寧に教えてくれないから、こうして本を読んで自分で気づくことだ。

良い靴を履き、歩き方は靴に合わせよう

First-class shoes

25

靴が、あなたの性格を決める。

靴とそれを履いている人の性格の関係は、とても興味深い。

なぜなら、その人が履いている靴は、その人の性格を決めるからだ。

正確には、履いている靴が、その人の性格を決めていくのだ。

あなたの周囲で、美しい生き様の人の靴を観察してもらいたい。

１００％の確率で美しい靴を履いているはずだ。

美しい生き様だから美しい靴を履いているのではなく、美しい靴を履いているからこそ、美しい生き様になっているのだ。

「こんなに美しい靴を履いているのだから、自分もそれに見合った人間にならなければ申し訳ない」

日々そう感じることの蓄積《ちくせき》が、その人の性格を決めて、美しい人生を創っているのだ。

あなたの周囲の、醜い生き様の人の靴を観察してもらいたい。

１００％の確率で、醜い靴を履いているはずだ。

醜い生き様だから醜い靴を履いているのではなく、醜い靴を履いているからこそ、醜い生き様になっているのだ。

「こんなに醜い靴を履いているのだから、自分もそれなりの人間で構わないだろう」

日々そう妥協することの蓄積が、その人の性格を決めて、醜い人生を創っているのだ。

以上は、私がこれまで出逢ってきた人たちに当てはめても、ほぼ例外はなかった。

だから私は、その人の履いている靴を見て、その人はどんな人なのかと仮説を立ててから面談に臨んだものだ。

すると、その人の履いている靴が私に語りかけてきた通りの人物であることが、圧倒的に多かった。

その人の靴の擦り減り方は、その人の性格の集大成である。

その人の靴のシワは、その人の性格の集大成である。

その人の靴の艶は、その人の性格の集大成である。

そう考えると、人相や手相ならぬ、靴相のようなものがこの世に存在するのかもしれない。

翻って、あなたはどうだろうか。

もしヒヤッとしたら、性格を好転させる絶好のチャンスである。

美しい性格を目指すのであれば、美しい靴を履けば良いのだ。
いつまでも妥協してダサい靴を履いているうちは、ダサい性格のままである。

人は、履いている靴のように生きている

First-class shoes

26

靴が、あなたの健康を決める。

あなたの健康を決めるのは、靴である。

これは大袈裟な話ではなく、「足は万病の元である」と主張する医師と私はこれまでに複数出逢ったことがある。

足が万病の元であれば、それを包み込んでいる靴が影響しないはずがない。

現実に靴が悪いと、皮膚病などの目に見える足の病気だけではなく、肩凝りや腰痛の原因にもなるのだ。

酷い場合には、外反母趾になって骨を削る羽目《はめ》になる。

足の病気の特徴は、なかなかそれに気づかないというものだ。

たとえば、一番ポピュラーな足の病気に水虫がある。

水虫の特徴は、痒《かゆ》くならないか、痒くなるのに時間がかかることだ。

いずれにしても激痛が走るわけではないから、多少痒くなっても放っておく人がとても多いのだ。

だが、水虫の怖いところは全身に飛び火して、自分以外の家族にもうつることだ。

家族の中で誰か一人が水虫になると子どもにまでうつり、子どもも学校で他人にうつす可能性がある。

また、肩凝りや腰痛の原因がまさか靴にあるとは普通思わないから、いくらマッサージに通っても根本治療にはならない。

マッサージに行った帰りから、すでに肩凝りや腰痛の原因であるその靴を履くのだから。

外反母趾に至っては、そもそも痛みを感じないことが多いから、自分が病気であるという自覚がない。

足の指が大きく変形し、家族や親しい人に指摘されて初めて病院に行く。

そこで自分が外反母趾であることに気づかされる。

外反母趾は骨の病気であるというだけではなく、心身に悪影響を及ぼす。

ストレスが溜まり、食欲不振に陥り、鬱《うつ》になる例もあるのだ。

なぜなら、人の身体というのはすべてが有機的に繋がっており、どこか一部が悪いということはなく、全身の代表としてどこか一部にアラームが鳴っているだけなのだ。

その原因がもし足にあるとすれば、靴選びはとても大切だと理解できるだろう。

換言すれば、あなたにピッタリの靴を履けば、あなたは健康でいられる可能性がグンと高まるというわけだ。

健康でありたければ、あなたにピッタリな靴を履くべきである

First-class shoes

27

お金持ちは、100%の確率であなたの靴を見ている。

私はこれまでに数多くのお金持ちと一緒に仕事をしていたが、**お金持ちは靴が大好きな人が圧倒的に多かった。**

何よりも、自分自身が良い靴を履いているのだから、他人の履いている靴も気になるのは当然だ。

企業オーナーと仕事をした際には、プロジェクトがひと区切りつくと自宅に食事に招かれることが多かった。

会長や社長の大豪邸に招かれるわけだが、当然玄関では靴を脱ぐことになる。

ある時、オーナーの夫人が私の靴を片づけてくれたのだが、たまたまそれがオーナーの靴と同じブランドだったことがわかり、食事中に靴についての話題となったこともある。

その靴はフランスのブランドだったが、オーナー夫妻はフランスに旅行した際に一緒に購入したと言っていた。

そのため、大いに食事中の話題が盛り上がり、追加の受注もすんなり決まったのを今でも鮮明に憶えている。

以上はほんの一例に過ぎず、私は靴がきっかけで仕事の受注ができた経験が数え切れないほどある。

もちろん、良い靴を履いたからといって、仕事が受注できるわけではない。

だが、お金持ちには靴に関心がある人が桁違いに多いのは間違いなく、私のような凡人が彼らと共通の話題で話をしようと思ったら、せめて靴で同じ土俵に並ぶしかなかったのだ。

家や車、宝石や腕時計で、お金持ちと同じ土俵に並ぶのは、ほぼ不可能である。なぜなら、それらは桁違いに高く、サラリーマンがどれだけ働いても手の届く価格帯から大きく逸脱しているからだ。

それが靴となれば話は別だ。

靴は既製品であれば、10万～20万円の予算で超一流品が買える。ビスポーク（オーダーメイド）であれば数十万円の後半はかかるが、それでもお金持ちが所有する他の贅沢品《ぜいたくひん》と比べれば身近な存在だと言える。

私は最初から狙っていたわけではないが、結果としてお金持ちと仲良くなるきっかけが靴を通してできたことになる。

新入社員の頃から経営者相手に仕事をする機会に恵まれたために、良い靴を履いていて得したことはこれまでに数え切れない。

一流から注目される、良い靴を履こう

First-class shoes

28

脱いだ靴は、あなたの分身。

靴は履くための道具だが、脱いだ時もまた美しい。

私は、履いている時の靴はもちろん好きだが、どちらかと言えば、脱いだ靴のほうが好きである。

それは車好きが、運転している時はもちろん好きだが、自宅のガレージで眺めている時のほうがもっと好きなのと同じだと思う。

使っている時も使っていない時もこよなく愛し、むしろ使っていない時のほうがそれを対象として眺められる分だけ楽しんでいられるのだ。

脱いだ靴を対象として眺めていると、どうしてあんなに楽しいのだろうか。

それは、脱いだ靴は自分の分身であり、まるで命の断片《だんぺん》のような気がするからである。

私が脱いだ靴を眺めていて感じるのは、「今日も1日ありがとうございます」という感謝の念と、「まだまだこの靴には及ばないな」という畏怖《いふ》の念である。

感謝の念と畏怖の念を抱かせてくれる靴は、私にとって本当に尊い存在だ。

私は、お金持ちの自宅に招かれた際には靴の話題になることが多いのだが、その流れから下駄箱《げたばこ》を見せてもらうことがある。

もちろん、お金持ちの下駄箱には、美しく手入れされた良い靴がズラリと並んでいる。

それらを眺めると、そのお金持ちのこれまでの人生が、こちらにひしひしと伝わってくるのだ。

特に意気投合《いきとうごう》したお金持ちは、それぞれ一足ずつ手に取って思い出を話してくれる。

「これは○○へ行った時にひと目惚《めぼ》れで買った靴」

「これはうちが上場記念にビスポークで仕上げた靴」

「これは40年前に初めて買った思い出の靴」

そうやって一足ごとの靴の歴史に聴き入っていると、その人の歩んできた人生が伝わってくる。

つくづく、靴はその人の分身だと再認識させられる。

私自身もその真似をして靴をずらりと並べ、一足ずつ手に取りながらじっくり眺めるが、購入してから今日までの思い出が走馬灯《そうまとう》の如く蘇ってくる。

「あの時はこの靴に支えてもらったな」と、しみじみと自分の記憶を味わう。

靴はあなた以上に、あなたの思いを受け止めてくれているのだ。

靴はあなた以上に、あなた自身なのだ。

靴には、これまでのあなたの人生が
染み込んでいる

First-class
shoes

29

あなたが呼吸するように、
靴も呼吸する。

革靴というのは、生き物である。

もともと動物の皮を素材としているのだから、そこには生命が宿っていたわけだ。

あなたがその靴を履くことで、再びそこに生命が宿るのだ。

最初に靴屋で美しく陳列されている靴は、まだ死んでいる。

あなたというオーナーが決まり、そこに足を入れて使う過程で生命が吹き込まれるのだ。

実際に、靴はあなたと同じように、呼吸する。

靴の縫い目やわずかな穴から靴内の湿気を出して、外気を取り入れる。

あなたが靴を脱げば、その瞬間から染み込んでいる水分が蒸発し始める。

人間の脂の成分と素材の皮が絶妙にマッチして、色合いも変わってくる。

最初は淡い黄土色《おうどいろ》だった革靴も、徐々に人間の脂が染み込むことで深い黄土色になる。

新品の時の淡い黄土色よりも、10年後の深い黄土色のほうが遥かに美しいのだ。

つまり、良い靴というのは、オーナーと一緒になって進化を遂げるというわけだ。

いかがだろうか。

靴に生命が宿るというのは、別に大袈裟でも何でもなく、ありのままの真実であることをご理解いただけたのではないだろうか。

もう少し詳しく説明すると、あなたが汗をかくのは、靴の進化にとって必要条件なのだ。

あなたの汗には靴が必要としている様々な栄養分が含まれているから、靴を履くことで自動的に栄養補給をさせているのだ。

ただ、この栄養補給で不可欠なのは、すでに述べたように、2日続けて靴を履かないということである。

靴は必ず毎日休ませて、十分に湿気を除きながら栄養補給をさせてあげることだ。呼吸しなければ生きていけないのは、人間とまさに同じだ。

靴を休ませて呼吸させないのは、ペットの犬や猫に呼吸させないのと同じである。ペットに呼吸させない人はいないのに、靴に呼吸させない人が多いのは不思議なことである。

靴の呼吸とは、日々履いて、履いたあとには必ず汚れを拭《ぬぐ》って次の日は休ませて乾かし、定期的に栄養クリームを塗り、傷んできたらまめにメンテナンスに出すことだ。

そうすることで、靴は生き続けるのだ。
あなたが手入れを怠らなければ、良い靴はあなたと同じ寿命をまっとうするだろう。

生命が宿っている靴は、当然、生き物のように扱うべきである

First-class shoes

30

もし迷ったら、
良い靴を履いている人を
選んでおけば間違いない。

現実問題として、生きていれば「どちらかを選ばなければならない」と迷うことがある。

たとえば採用がそうだろう。

採用枠は最初から決まっており、気に入った人すべてを採用するわけにはいかない。

読者の中には、ひょっとしたら、恋愛でどちらにしようか迷っているモテモテの人もいるかもしれない。

もしあなたが迷った場合の話だが、相手が履いている靴で選んでおけば間違いない。

どちらが良い靴を履いているのかで、勝者を決めるのだ。

これは、あなたは冗談かと思うかもしれないが、私は一点の曇《くも》りもなく本気中の本気だ。

なぜなら、**良い靴を履いている人間は信用できるからだ。**

もちろん、詐欺師《さぎし》でも良い靴を履いている人間はたくさんいるだろう。

だが私は、「迷った場合」と繰り返し強調しているように、詐欺師なんて靴を見なくても、それ以前の段階でわかるはずだ。

あなたが別に迷ってもいないのに、相手の履いている靴で決める必要はまったくないし、そんなのはナンセンスだ。

これまでに私は公私ともに「どっちにしようかな」と迷った経験は、数え切れないほどある。

その際には、必ず相手の履いている靴をチェックしたものだ。

なぜなら、靴はその人の本質が顕在化《けんざいか》したものだからである。

正確には、人の本質の一部がわかりやすく露呈した部分が、足元であり靴なのだ。

両方とも50：50で釣り合っている場合は、最後に目利《めき》きする部分として、靴をチェックするのが有効だった。

これまで述べてきた通り、靴がきちんとしている人は、人間性もきちんとしている確率が圧倒的に高い。

靴が冴えない人は、人間性も冴えない確率が圧倒的に高い。

靴がきちんとしている人で、それ以外がきちんとしていない人を、私は見たことがない。

靴が冴えない人で、それ以外が冴えている人を、私は見たことがない。

ひょっとしたら世の中にはそんな人もいるのかもしれないが、そんな人に出逢う確率を期待していたら寿命がいくらあっても足りないだろう。
迷ったら、迷わず靴で決めれば良い。

靴を基準にした人物評価の精度は限りなく高い

chapter

4

靴と人生

First-class
shoes

31

「成功したら
これを履きたい」と
憧れる靴を、
今から履く。

すでに述べた通り、私は新入社員の頃から良い靴を履いていた。

これには理由があって、結局はそのほうが効率的で安上がりだと思ったからだ。

第一の理由は、もちろんダントツで靴が好きだったからである。

靴をこよなく愛していたからこそ、当時は安月給だったにもかかわらず、毎月せっせと良い靴を買い続けたのだ。

名もなく貧しい頃から、「将来成功したら自分はこれを履きたい」と憧れる靴を履いておくというのは、非常に有効なお金の使い方だと思う。

成功したら良い靴が履けるのではなく、良い靴を履いているから成功できるというのが、私の周囲を1次情報で見ていて実感することである。

ハッキリ言ってしまうと、日々着用するスーツは一生モノにはなりにくい消耗品《しょうもうひん》だ。

だが、スーツの最高級品となれば、靴と比べてむしろ値段が高いくらいだ。

そう考えると、将来の成功者にふさわしい良い靴を、今から履いておくことがあなたの将来への投資になるということである。

スーツの最高級品と違い、靴の最高級品の場合は10年目以降こそ真価が発揮される。

つまり、20代のうちから良い靴を履き慣らしておくことで、30代や40代になってからようやく味が出てくるのだ。

手入れを怠らなければ、50代以降になるとアンティークのように威厳《いげん》が出てくる。50代になれば人としても威厳が出てくる時期だから、まさに靴と一緒にあなた自身も成長できるというわけだ。

たびたび私が本やブログで靴の話を書くためなのか、私の本の読者の中には20代から良い靴を揃える人も増えてきた。

以前、某ホテルのラウンジで私がコーヒーを飲みながら孤独を満喫《まんきつ》していたところ、読者が隣に座って「只今、ジョン・ロブを買ってきました！」と、シャウトされたこともある。

それを聞いて、私も久しぶりに靴を買いたくなって店に寄ったところ、初対面の店長から「先生の読者の方がうちで靴を購入されていますよ」と報告を受けた。

私はそれを聞いて、素直に嬉しかった。

20代に限らず、将来成功したい人は将来履きたい靴を今から履いておくことだ。

「成功したから良い靴を履いている」のではなく
「良い靴を履いているから成功できる」のだ

First-class shoes

32

良い靴を履いていると、タクシーを使うようになる。

良い靴の最大の欠点は、猛烈《もうれつ》に水に弱いことだ。

なぜなら、皮は水に弱いからである。

ずぶ濡れになったあとで手入れを間違えると、たとえどんなに良い靴でもご臨終だ。

だから、突然の雨は良い靴の大敵なのだ。

だが裏を返せば、雨に濡れないような人生を歩めばこの問題は即解決する。

たとえばタクシーで移動すれば、それだけで雨に濡れずに済むだろう。

雨の日に限らず、普段からあなたが移動にタクシーを利用する習慣になれば、良い靴が危険にさらされる可能性を確実に下げることが可能になる。

実際に私が経験したことをそのままお伝えすると、特に新入社員時代には、泥臭《どろくさ》い外回りをした時や、僻地《へきち》に訪問した際に、せっかくの良い靴が泥まみれになることも多々あった。

その場合は、タクシーで入れる場所まではできるだけタクシーで行き、それでも濡れたら早々に商談を切り上げて急いで汚れや水分を拭ったものだ。

もちろん「あ、すみません。靴が濡れたので帰ります」と言うわけにはいかないから、無駄な話を一切排除することになる。

すると、むしろ商談は研ぎ澄まされたものだ。

こちらから余計な話をせずに、ひたすら相手の話を聞いて、質問されたことだけに的確に答えたほうが、商談成功率は高いことにも気づかされた。

これも本当に良い靴のおかげだと、いくら感謝してもし切れないくらいだ。

私がタクシーで移動するのを躊躇《ちゅうちょ》しなくなったのは、良い靴を履いていたおかげだ。

そのおかげで、随分と時間を有意義に過ごすことができたし、無駄な体力を消耗しないで済んだ。

私の商談に無駄話がなくて短くなったのは、良い靴を履いていたおかげだ。

そのおかげで随分と商談成功率を高めることができたし、ノンストレス状態でたっぷり熟睡《じゅくすい》できた。

結局のところ、あなたがどんな人生を送るのかは、あなたがどんな靴を履いているのかで決まるのだ。

良い靴は地下鉄やバスで移動する人向けではなく、運転手付きの車で移動する人向けに最初から作られている。

最初からそんな人生を歩むのはさすがに難しいだろうが、最初からそれを踏まえた上で、その他大勢とは違った人生を歩もうとする志なら持つことができるはずだ。

日々の行動は、どんな靴を履いているかで決まる

First-class shoes

33

良い靴を履いていると、
それに見合った場所で
生きるようになる。

人生というのは結局のところ、履いている靴によって導かれるものなのだ。履いている靴があなたの歩き方を決め、履いている靴があなたの志を決めるからだ。

そうなると、必然的に良い靴を履いてダサい場所には行かなくなる。良い靴を履いて三流の人には会いたくなくなる。

やはり、良い靴に見合った場所に足を運びたくなるものなのだ。

たとえ今は無理でも、心のどこかで「こんな良い靴を履いて、こんなダサい場所に来てはいけない」「この上等な靴で会うような相手じゃない」と違和感を抱くはずだ。

そうした違和感の蓄積が、あなたを良い靴に見合った場所へと導くのだ。

私の経験でも、これはそのまま当てはまる。

安い居酒屋に連れて行ってもらうと、その他大勢と一緒の場所に靴を並べておくのに、非常に大きな抵抗感があったものだ。

お手洗いに行く際に酔っぱらって靴を踏んづけられないかと、心配で仕方がなかった。

こんな店に二度と来なくても良いように、１日も早く出世しなければならないと、強く心に誓ったものだ。

あるいは、満員電車で通勤している間も、電車が揺れるたびに靴が踏んづけられないかと心配で仕方がなかった。

満員電車で通勤しなくても良いように、1日も早く成功しなければならないと、強く心に誓ったものだ。

もし私が良い靴を履いていなければ、絶対にそんなことは思わなかったに違いない。なぜなら、私は安い飲食店でも空腹でさえあればとてもおいしいと思うし、満員電車にも人はいずれ慣れるものだからである。

だが、私がそれらの空間を生理的に拒絶したのは、良い靴のおかげだった。

良い靴が、それらの空間に足を運ぶことを許してくれなかったのだ。

新卒で入った会社では、良い靴に見合わない誘いはすべて断るようにしてきた。

周囲からは「そういう人間」と諦めてもらい、許してもらっていた。

転職先では、会社の裏に住んで電車通勤に別れを告げた。

それでもう靴を踏んづけられる心配はなくなった。

それ以外にも、すべて良い靴が判断基準になって、それにふさわしい場所に導かれた。

その結果、今、ここにいる。

良い靴が、
あなたを良い人生に導く

First-class shoes

34

良い靴を履いていると、依《え》怙《こ》贔《ひい》屓《き》してもらえる。

これまで私が良い靴を履いていて得をした経験は、枚挙《まいきょ》に暇《いとま》がない。

「これはちょっと依怙贔屓し過ぎでしょう」と、我ながら恐縮《きょうしゅく》したこともある。

もちろん、最初から依怙贔屓されるのを狙って良い靴を履いていたわけではない。

純粋に、幼い頃からの靴好きが高じて良い靴を履いていただけだ。

私としてはやや悔しいのだが、今の人生を送ることができたのは靴のおかげも大きいと思っている。

たとえば、新人社員研修で元CAの講師から休憩中に呼び出され、私が履いている靴について話が及んだ。

彼女はCA時代にファーストクラスに乗るVIP客も担当していたから、一瞥《いちべつ》しただけで靴のランクがわかるのだ。

彼女はCAだけが知る情報を将来のためにと言って、私だけにそっと教えてくれた。

配属先でも、社内の重役たちと仕事で同行させてもらうと、ほぼ100%の確率で「お前、良い靴を履いているじゃないか」と話題が靴に及んだ。

すると重役は部長にそれを伝え、部長が課長にそれを伝える。

新入社員のくせに高級腕時計をしているとなると、敵を増やすことになるが、新入社員が良い靴を履いているとなると一目置《いちもくお》かれるのだ。

取引先の社長たちと面談した際も、社長室のソファーに座るとお互いに履いている靴が目に飛び込んでくる。

そうすると新入社員らしからぬということで、やはり靴の話題になることが多かった。

彼らは異口同音《いくどうおん》に、「どうしてそんなにいい靴を履いているの？」と私に聞いてきたものだ。

私は靴に興味を持つようになった自分の生い立ちの話を手短に済ませてから、自分のような未熟者が評価されるためには、良い靴を履く以外に道はないと答えた。

もちろん後半の話は途中で私が考えついたでっち上げだが、彼らはマーケティング戦略として理に適《かな》っていると熱心に聴き入ってくれたものだ。

彼らが平社員で名もなく貧しい私にも次々と仕事をくれたのは、スーツという競争率の高い土俵ではなく、靴という競争率の低い土俵で勝負したからだ。

もちろん以上の例は、ほんの一部に過ぎない。

あなたも良い靴を履いて、どんどん依怙贔屓されよう。

良い靴は、一流との縁をつなぐ力がある

First-class shoes

35

他が完璧でも、
靴がダサいと
それがあなたの評価になる。

アパレルショップで服しか売っていない店員でも、必ず首肯する事実がある。

いくら服がお洒落でも、靴がダサければすべてが台無しになるということだ。

他が完璧だとしても、靴がダサければそれがそのままその人の評価になるのだ。

私はこれまでに規模の大小を問わず、多くの業種業界と一緒に仕事をさせてもらった。

その経験を通して、こんな傾向があることに気づかされた。

概して大手企業に勤務しているエリートたちは、スーツはごく普通だが良い靴を履いていたのに対し、中小企業に勤務している人たちは、スーツに関係なくダサい靴を履いていたものだ。

あるいは、偏差値の高い業界で働いているエリートは、良い靴を履いていたのに対して、偏差値の低い業界で働いている人たちは、ダサい靴を履いていたものだ。

綺麗事を抜きにすると、これがありのままの現実だった。

ここで私は、どうしてそんな現象が起こるのか調べてみた。

両グループに個別面談でさり気なく靴の話題を振り、それに対する自分なりの考え方を教えてもらったのだ。

それらの声を帰納《きのう》するとこうなる。

エリートたちは、他がそこそこでも良い靴さえ履いていれば、自分が靴のレベルで評価されることを熟知していた。

良い靴を履くことは、コストパフォーマンスが高いことを知っていたのだ。

非エリートたちは、どうせ靴なんて消耗品だから何を履いても同じだろうという考えに集約されていた。

良い靴を履くなんて、お金の使い道を知らないバカのすることだと思っていたのだ。

率直に申し上げて、私は両グループの格差はこれからますます広がっていくだろうと、一点の曇りもなく確信した。

エリートと非エリートの決定的な違いは、出自《しゅつじ》や学歴ではなく、両者の考え方の差であることに気づかされたのだ。

厳密には、靴の違いがエリートと非エリートの違いであるわけではない。

靴の違いは、人の考え方が顕在化した現象面に過ぎない。

人が無意識に靴で相手を評価する傾向にあるのは、それがその人の考え方であることを本能的に知っているからである。

履いている靴は、その人の考え方そのものである

First-class shoes

36

家・車・腕時計で負けても、靴なら勝てる。

すでにお伝えしたように、コストパフォーマンスで考えると靴は非常にお買い得なものだ。

あなたが普通のサラリーマンであれば、どんなに働いたところで自力では大豪邸に住むことなんてできない。

豪邸は最低でも数億円、普通は数十億円かかるから、サラリーマンの生涯賃金を大きく超えてしまう。

高級車は豪邸ほどではないが、普通は数千万円、場合によっては数億円かかる。生きるためのお金も必要だから、サラリーマンが車だけにそれだけのお金を費やすのは現実的ではない。

高級腕時計は高級車ほどではないが、普通は数百万円、場合によっては数千万円かかる（特殊な時計になると高級車よりも遥かに高く、数億円や数十億円の代物もあるが）。

ひょっとしたら、腕時計は靴よりも目立つかもしれないが、それゆえに嫉妬されて周囲から反感を買いやすい。

そして腕時計は靴に比べて値段が桁違いに高いから、コストパフォーマンスも悪い。

そう考えると、分相応《ぶんそうおう》でサラリーマンが背伸びできるのは、もはや靴しかないのだ。

靴であれば、お金持ちが履いているものに並ぶことができ、場合によっては勝つこともできる。


普通のサラリーマンが家や車や腕時計でお金持ちにいくら勝っても、「分不相応な人間」「どうせ親の力だろう」と確実に不信感を抱かれる。


否、実際には周囲から心の中で完全に見下されている。

現に私のサラリーマン時代にも、そうした同僚は何人もいたが、組織内ではお荷物になり邪魔者扱いされていた。

人柄はみんなそれなりに良かったと思うのだが。

もちろんここで私は、あなたが大豪邸や高級車、高級腕時計に憧れているのを否定するつもりは毛頭《もうとう》ない。

ただし、順番を間違えてはいけないということだ。

最初は周囲の反感を買いにくく、むしろ権力者からは好感を持たれやすい靴から攻めるのが賢明である。

靴は、わかる人には実に良くわかるが、わからない人にはとことんわからない。

つまり、評価されるべき人には評価され、どうでもいい人からの嫉妬も避けられるのだ。

靴で勝負することは、賢い戦略である

First-class
shoes

37

自分が良い靴を履いていると、相手の靴も褒められる。

幸せな人生を歩みたければ、人を貶《けな》すよりは人を褒めたほうが断然良い。

そんなことくらい、あなたも当然頭では理解しているはずだ。

だが頭で理解しているのと、それを実際に行動に移すのとでは雲泥《うんでい》の差がある。

さらには行動に移すのと、習慣化するのとでもまるで違う。

では人を褒める習慣にするためには、どうすれば良いのだろうか。

それは、あなたが良い靴を履くことである。

なぜなら、あなたが良い靴を履けば、あなたは必ず相手の靴にも興味を持つからである。

相手の靴を褒める人は、必ず自分も良い靴を履いている。

自分も褒めて欲しいから相手を褒めるのではなく、良い靴を履いている人は相手が良い靴を履いていると自然に嬉しさが込み上げてくるから、ピュアに相手を褒めるのだ。

私も相手が良い靴を履いていると、心から嬉しい。

場合によっては、自分のこと以上に嬉しくなる。

つい我慢できず、頃合いを見計らって「良い靴ですね」と声をかけると相手もすかさずこちらの靴を見てくる。

これまでの私の経験で、靴の話題で盛り上がった相手と気が合わなかったことは一度もない。

現在に至るまで、全員、長期的なお付き合いをさせてもらっている。

相手が履いている靴が良い物であればあるほど、そこには必ず思い出が詰まっている。

その思い出を聞かされれば、あなたはその相手のことがよくわかるし、その人のことをきっと好きになるだろう。

相手もあなたが履いている靴へのこだわりを聞いてくるから、その人もあなたのことが好きになるだろう。

靴に限らず、お互いが共通の大好きなテーマについて語り合うのは本当に楽しいものだ。

今、執筆中にふと思い返したのだが、お互いの靴を褒め合った相手は一人の例外もなく、それぞれの土俵で出世している。

良い靴を履いている人は、良い靴を履いているという理由だけで成功したのではは

ない。

良い靴を履いていることで、相手を褒め、認めることができるから、多くの人たちから支えられた結果として成功したのだ。

あなたも相手を認めたければ、まず自分が良い靴を履くことだ。

良い靴を履いて、お互いを認められる良い仲間と出会おう

First-class shoes

38

靴を使い分けると、人生は変わる。

いくら良い靴でも、シチュエーションによって、それらを使い分けなければならないのは言うまでもない。

靴は一生モノだけではなく、最初から履き捨てると決めているような流行のお洒落な靴もある。

私も流行のお洒落な靴は何足が履き捨てたが、それらが悪い靴だとは思っていない。お洒落な靴はお洒落な靴として、きちんと役割を果たしてくれたからだ。

お洒落用の靴としては、靴を専門としているわけではない高級ブランドの靴が美しくて人気があるようだ。

靴専門店と違うと誰でも気づかされるのは、やはり値段の差だろう。

靴を専門としていない高級ブランドの靴だってもちろん高いが、一部を除けば数万円で購入することができる。

換言すれば、靴を専門としない高級ブランドの靴が靴専門店と同程度の値段であれば、それはアウトソーシングで作らせて、ブランド代が上乗せされているから損である。

私がこれまでに購入したお洒落用の靴は、10年以上前で6万～7万円程度だった。

試しに何度か修理にも出したことはあるが、明らかに10万円以上の靴専門店の靴とは違い、メンテナンスをすればするほどに劣化した。

靴専門店の靴と同様に、日々の手入れを怠らなかったのに、である。

この経験を通して、私は、物の値段にはすべて意味があり、そして物にはすべて役割があることを学ぶことができた。

女性で言えば、ハイヒールを履きたい人は多いだろうが、たまには足を休ませるためにお洒落を損なわない程度の履きやすい靴も履きたいはずだ。

勤務時間と通勤時間で靴を履き替える女性も多い。

私がこれまでに出逢ってきた女性たちは、業種業界の違いも多少あるが、次のような傾向が見られた。

仕事ができる女性ほど勤務時間はお洒落な勝負靴を履き、通勤時間はお洒落を損ねない程度の履きやすい靴を履いていた。

仕事ができない女性ほど勤務時間は汚いサンダルを履き、通勤時間はお洒落な勝負靴を履いていた。

靴の使い分けはその人の頭の中が露呈され、知らぬ間に人生を創造しているのだ。

靴の使い分けには、その人の考え方が表れる

First-class shoes

39

運の良し悪しは、靴で決まる。

あなたの人生にとって、あなたの靴がいかに大切なのかがよくわかっていただけたかと思う。

すでにあなたもお気づきのように、運の良し悪しもそのまま靴で決まるのだ。

どうして靴で運が決まるのかといえば、あなたの運を運ぶのはあなたの靴だからである。

運は人が運んでくるのは誰でも知っていると思うが、その運を運んでくる人というのは靴を履いているだろう。

良い靴を履いている人の周囲には良い靴を履いた人が集い、ダサい靴を履いている人の周囲にはダサい靴を履いた人集う。

あなたが良い靴を履いていれば、あなたも周囲から良い運気を運んでもらえるし、また、あなたも周囲に良い運気を運ぶことができる。

お互いに良い運気を与え合いながら、分かち合いの人生を歩み続けることができるのだ。

あなたがダサい靴を履いていれば、あなたも周囲からダサい運気を運ばれるし、同時にあなたもダサい運気を周囲に撒《ま》き散らすことになる。

お互いにダサい運気を与え合いながら、奪い合いの人生を歩み続けることになるだろう。

そういうわけで、靴があなたに運を運んでくるのであり、靴があなたの運を決めるというシンプルなカラクリがあるのだ。

真実というのは、いつも呆れるほどにシンプルなのだ。

そして、あなたに運を運んでくる靴を収納《しゅうのう》する下駄箱は、まさに運気の宝庫である。せっかくの運気の宝庫である下駄箱が散らかっていたり汚かったりすれば、悪い運気の宝庫に一変してしまう。

なぜなら、運は混雑した場所を酷く嫌うという特性があるからだ。

格安ショップやバーゲンセールを思い出せばわかるだろう。

混雑した場所は、その場にいる人や物の価値を著しく下げるのだ。

それだけ運が悪い証拠である。

あなたの下駄箱がそうならないように、常に整理整頓と掃除を欠かさないことだ。

整理とは、もう履かなくなった靴を捨てること。

整頓とは、これからも履く靴だけを美しく並べておくこと。

運は広々とした場所を好み、良い靴もそうした場所にフィットするのだ。

靴に限らず、もう使わないと薄々わかっている物を保管し続けると、著しく運を悪くする。

運は靴が運んでくることを知り、大切に扱おう

First-class
shoes

40

靴の軌跡《きせき》は、あなたの軌跡。

本書を読み終えたら、あなたの靴を磨きながら一度じっくり観察してもらいたい。

あなたの靴は、あなたの人生そのものだと気づかされるだろう。

あなたの靴は、これまであなたが歩んできた軌跡だと気づかされるだろう。

私はいつも靴を磨きながら、これまでその靴を履いて何をしてきたのかを思い出す。

「この靴を買った時のシューフィッターは良い仕事ぶりだったなぁ……」

「この靴を履いてプレゼンした時は成功率が高かったなぁ……」

「あの仕事で大失敗をやらかした時に履いていた靴は確かこれだったなぁ……。この靴に支えられていたから起死回生《きしかいせい》のターンアラウンドが実現できたに違いない」

思い出し笑いや苦笑いをしながら靴を磨いていると、その靴はさらに私と同化してくるのがよくわかる。

そして靴を磨いていると、意外に無数の傷がついていることに気づかされる。

考えてみれば当たり前の話だが、人の全体重を支えながら地面とダイレクトに接触して持ち主を運び続けてきたわけだ。

雨の日もあり、雪の日もあり、嵐の日もあった。

靴が支えてくれていたのは、体重だけではない。

嬉しい時もあり、悲しい時もあり、怒り心頭《しんとう》に発《はっ》した時もあった。

持ち主の喜怒哀楽といった感情や、情念を靴は黙って支えてきてくれたのだ。

もちろんそれらの傷は機械の故障や貴金属の傷の類とは違って、自分だけの味わい深い〝印〟のようなものである。

あなたのこれまで生きてきた軌跡が、あなたの靴に刻まれた傷であり、もはやそれは傷ではなく、靴のデザインの一部なのだ。

靴についた無数の傷に栄養クリームを刷り込みながら、専用の布で優しく拭っていると、靴が見る見る蘇ってくるのがわかる。

そして靴を磨き終わると、私はいつもこう思うのだ。

これは私にとって、世界で一つのかけがえのない靴であると。

最初のデザインや色は靴職人が作ったものだが、履き続けることによって刻み込まれた傷は私が創ったのだ。

もし人生に行き詰まったら、靴磨きをすればいい。

きっとそこには、あなた〝ならでは〟の解決のヒントがあるはずだ。

大切にしてきた靴は、あなたの最大の味方である

さて、今から靴を磨くとしよう。

千田琢哉著作リスト　（2018年2月現在）

『さあ、最高の旅に出かけよう』

『超一流は、なぜ、デスクがキレイなのか？』

『超一流は、なぜ、食事にこだわるのか？』

『超一流の謝り方』

『自分を変える 睡眠のルール』

『ムダの片づけ方』

『どんな問題も解決する すごい質問』

『成功する人は、なぜ、墓参りを欠かさないのか？』

『成功する人は、なぜ、占いをするのか？』

『超一流は、なぜ、靴磨きを欠かさないのか？』


〈ソフトバンク クリエイティブ〉

『人生でいちばん差がつく20代に気づいておきたいたった１つのこと』

『本物の自信を手に入れるシンプルな生き方を教えよう。』


〈ダイヤモンド社〉

『出世の教科書』


〈大和書房〉

『20代のうちに会っておくべき35人のひと』

『30代で頭角を現す69の習慣』

『人生を変える時間術』

『やめた人から成功する。』

『孤独になれば、道は拓ける。』

〈宝島社〉
『死ぬまで悔いのない生き方をする45の言葉』
【共著】『20代でやっておきたい50の習慣』
『結局、仕事は気くばり』
『仕事がつらい時 元気になれる100の言葉』
『本を読んだ人だけがどんな時代も生き抜くことができる』
『本を読んだ人だけがどんな時代も稼ぐことができる』
『１秒で差がつく仕事の心得』
『仕事で「もうダメだ!」と思ったら最後に読む本』

〈ディスカヴァー・トゥエンティワン〉

『転職１年目の仕事術』


〈徳間書店〉

『一度、手に入れたら一生モノの幸運をつかむ50の習慣』

『想いがかなう、話し方』

『君は、奇跡を起こす準備ができているか。』

『非常識な休日が、人生を決める。』

『超一流のマインドフルネス』


〈永岡書店〉

『就活で君を光らせる84の言葉』


〈ナナ・コーポレート・コミュニケーション〉

『15歳からはじめる成功哲学』


〈日本実業出版社〉

『「あなたから保険に入りたい」とお客様が殺到する保険代理店』

『社長!この「直言」が聴けますか？』

『こんなコンサルタントが会社をダメにする!』

『20代の勉強力で人生の伸びしろは決まる』

『人生で大切なことは、すべて「書店」で買える。』

『ギリギリまで動けない君の背中を押す言葉』

『あなたが落ちぶれたとき手を差しのべてくれる人は、友人ではない。』


〈日本文芸社〉

『何となく20代を過ごしてしまった人が30代で変わるための100の言葉』


〈ぱる出版〉

『学校で教わらなかった20代の辞書』

『教科書に載っていなかった20代の哲学』

『30代から輝きたい人が、20代で身につけておきたい「大人の流儀」』

『不器用でも愛される「自分ブランド」を磨く50の言葉』

『人生って、それに早く気づいた者勝ちなんだ!』

『挫折を乗り越えた人だけが口癖にする言葉』

『常識を破る勇気が道をひらく』

『読書をお金に換える技術』

『人生って、早く夢中になった者勝ちなんだ!』

『人生を愉快にする! 超・ロジカル思考』

『こんな大人になりたい!』

『器の大きい人は、人の見ていない時に真価を発揮する。』


〈ＰＨＰ研究所〉

『「その他大勢のダメ社員」にならないために20代で知っておきたい100の言葉』

『好きなことだけして生きていけ』

『お金と人を引き寄せる50の法則』

『人と比べないで生きていけ』

『たった１人との出逢いで人生が変わる人、10000人と出逢っても何も起きない人』

『友だちをつくるな』

『バカなのにできるやつ、賢いのにできないやつ』

『持たないヤツほど、成功する!』

『その他大勢から抜け出し、超一流になるために知っておくべきこと』

『図解「好きなこと」で夢をかなえる』

『仕事力をグーンと伸ばす20代の教科書』

『君のスキルは、お金になる』

『もう一度、仕事で会いたくなる人。』


〈藤田聖人〉

『学校は負けに行く場所。』

『偏差値30からの企画塾』

『「このまま人生終わっちゃうの?」と諦めかけた時に向き合う本。』


〈マネジメント社〉

『継続的に売れるセールスパーソンの行動特性88』

『存続社長と潰す社長』

『尊敬される保険代理店』


〈三笠書房〉

『「大学時代」自分のために絶対やっておきたいこと』

『人は、恋愛でこそ磨かれる』

『仕事は好かれた分だけ、お金になる。』

『1万人との対話でわかった 人生が変わる100の口ぐせ』

『30歳になるまでに、「いい人」をやめなさい!』


〈リベラル社〉

『人生の9割は出逢いで決まる』

『「すぐやる」力で差をつけろ』

千田琢哉著作リスト　（2018年2月現在）

〈アイバス出版〉

『一生トップで駆け抜けつづけるために20代で身につけたい勉強の技法』

『一生イノベーションを起こしつづけるビジネスパーソンになるために20代で身につけたい読書の技法』

『1日に10冊の本を読み3日で1冊の本を書くボクのインプット&アウトプット法』

『お金の9割は意欲とセンスだ』


〈あさ出版〉

『この悲惨な世の中でくじけないために20代で大切にしたい80のこと』

『30代で逆転する人、失速する人』

『君にはもうそんなことをしている時間は残されていない』

『あの人と一緒にいられる時間はもうそんなに長くない』

『印税で１億円稼ぐ』

『年収1,000万円に届く人、届かない人、超える人』

『いつだってマンガが人生の教科書だった』


〈朝日新聞出版〉

『仕事の答えは、すべて「童話」が教えてくれる。』


〈海竜社〉

『本音でシンプルに生きる!』

『誰よりもたくさん挑み、誰よりもたくさん負けろ!』

『一流の人生 − 人間性は仕事で磨け!』

『(仮)大好きなことで、食べていく方法を教えよう。』


〈学研プラス〉

『たった２分で凹みから立ち直る本』

『たった2分で、決断できる。』

『たった2分で、やる気を上げる本。』

『たった2分で、道は開ける。』

『たった2分で、自分を変える本。』

『たった2分で、自分を磨く。』

『たった2分で、夢を叶える本。』

『たった２分で、怒りを乗り越える本。』

『たった2分で、自信を手に入れる本。』

『私たちの人生の目的は終わりなき成長である』

『たった2分で、勇気を取り戻す本。』

『今日が、人生最後の日だったら。』

『たった2分で、自分を超える本。』

『現状を破壊するには、「ぬるま湯」を飛び出さなければならない。』

『人生の勝負は、朝で決まる。』

『集中力を磨くと、人生に何が起こるのか？』

『大切なことは、「好き嫌い」で決めろ!』

『20代で身につけるべき「本当の教養」を教えよう。』

『残業ゼロで年収を上げたければ、まず「住むところ」を変えろ!』

『20代で知っておくべき「歴史の使い方」を教えよう。』

『「仕事が速い」から早く帰れるのではない。「早く帰る」から仕事が速くなるのだ。』

『20代で人生が開ける「最高の語彙力」を教えよう。』


〈KADOKAWA〉

『君の眠れる才能を呼び覚ます50の習慣』

『戦う君と読む33の言葉』

〈かんき出版〉
『死ぬまで仕事に困らないために20代で出逢っておきたい100の言葉』
『人生を最高に楽しむために20代で使ってはいけない100の言葉』
ＤＶＤ『20代につけておかなければいけない力』
『20代で群れから抜け出すために顰蹙を買っても口にしておきたい100の言葉』
『20代の心構えが奇跡を生む【CD付き】』

〈きこ書房〉

『20代で伸びる人、沈む人』

『伸びる30代は、20代の頃より叱られる』

『仕事で悩んでいるあなたへ 経営コンサルタントから50の回答』


〈技術評論社〉

『顧客が倍増する魔法のハガキ術』


〈KKベストセラーズ〉

『20代　仕事に躓いた時に読む本』

『チャンスを掴める人はここが違う』


〈廣済堂出版〉

『はじめて部下ができたときに読む本』

『「今」を変えるためにできること』

『「特別な人」と出逢うために』

『「不自由」からの脱出』

『もし君が、そのことについて悩んでいるのなら』

『その「ひと言」は、言ってはいけない』

『稼ぐ男の身のまわり』

『「振り回されない」ための60の方法』

『お金の法則』


〈実務教育出版〉

『ヒツジで終わる習慣、ライオンに変わる決断』


〈秀和システム〉

『将来の希望ゼロでもチカラがみなぎってくる63の気づき』


〈新日本保険新聞社〉

『勝つ保険代理店は、ここが違う!』


〈すばる舎〉

『今から、ふたりで「5年後のキミ」について話をしよう。』

『「どうせ変われない」とあなたが思うのは、「ありのままの自分」を受け容れたくないからだ』


〈星海社〉

『「やめること」からはじめなさい』

『「あたりまえ」からはじめなさい』

『「デキるふり」からはじめなさい』


〈青春出版社〉

『どこでも生きていける 100年つづく仕事の習慣』

『「今いる場所」で最高の成果が上げられる100の言葉』

『本気で勝ちたい人は やってはいけない』

『僕はこうして運を磨いてきた』


〈総合法令出版〉

『20代のうちに知っておきたい お金のルール38』

『筋トレをする人は、なぜ、仕事で結果を出せるのか？』

『お金を稼ぐ人は、なぜ、筋トレをしているのか？』

千田《せんだ》 琢哉《たくや》

文筆家。

愛知県犬山市生まれ、岐阜県各務原市育ち。

東北大学教育学部教育学科卒。

日系損害保険会社本部、大手経営コンサルティング会社勤務を経て独立。

コンサルティング会社では多くの業種業界におけるプロジェクトリーダーとして戦略策定からその実行支援に至るまで陣頭指揮を執る。

のべ 3,300 人のエグゼクティブと 10,000 人を超えるビジネスパーソンたちとの対話によって得た事実とそこで培った知恵を活かし、“タブーへの挑戦で、次代を創る”を自らのミッションとして執筆活動を行っている。

著書は本書で 152 冊目。

●ホームページ：http://www.senda-takuya.com/

超一流は、なぜ、靴磨きを欠かさないのか？

2018年 2 月26日　初版発行

著　者　千田 琢哉

発行者　野村 直克
ブックデザイン　萩原 弦一郎（256）
写真　Love Silhouette ／ shutterstock
発行所　総合法令出版株式会社
〒103-0001
東京都中央区日本橋小伝馬町15-18
ユニゾ小伝馬町ビル9階
電話　03-5623-5121（代）

印刷・製本　中央精版印刷株式会社
 ISBN978-4-86280-605-5
落丁・乱丁本はお取替えいたします。
総合法令出版ホームページ　http://www.horei.com/